Vente après décès de **M. BARRAUD**, libraire

CATALOGUE

DE

LIVRES

RARES ET CURIEUX

ANCIENS ET MODERNES

ROMANTIQUES ET FACÉTIEUX

OUVRAGES EN NOMBRE

Contes de La Fontaine, édition dite des Fermiers généraux.
L'œuvre *originale de* **Vivant-Denon** *(317 planches).*
Galerie Théâtrale, Vignettes, Gravures, etc.

Planches gravées, — Cuivres, — Aciers, — Clichés, etc.

VENTE

HOTEL DROUOT — SALLE Nº 7

Les Mercredi 26, Jeudi 27 et Vendredi 28 Mars 1890

à 2 heures.

EXPOSITION PUBLIQUE : *Le Mardi 25 Mars, de 3 heures à 5 h. 1/2.*

Mᵉ LHUILLIER	M. LEGAY
COMMISSAIRE-PRISEUR	EXPERT
29, Rue Le Peletier.	74, Quai des Orfèvres.

Chez lesquels se distribue le Catalogue.

CONDITIONS DE LA VENTE

Elle sera faite au comptant.

Les acquéreurs paieront, en sus des enchères, **cinq pour cent** *applicables aux frais.*

L'exposition mettant le public à même de se rendre compte de l'état des objets, il ne sera admis aucune réclamation une fois l'adjudication prononcée.

Vente après décès de M. BARRAUD, libraire

CATALOGUE

DE

LIVRES

RARES ET CURIEUX

ANCIENS ET MODERNES

ROMANTIQUES ET FACÉTIEUX

OUVRAGES EN NOMBRE

Contes de La Fontaine, édition dite des Fermiers généraux.

L'œuvre originale de **Vivant-Denon** *(317 planches).*

Galerie Théâtrale, Vignettes, Gravures, etc.

Planches gravées, — Cuivres, — Aciers, — Clichés, etc.

VENTE

HOTEL DROUOT — SALLE N° 7

Les Mercredi 26, Jeudi 27 et Vendredi 28 Mars 1890

à 2 heures.

EXPOSITION PUBLIQUE : *Le Mardi 25 Mars, de 3 heures à 5 h. 1/2.*

Mᵉ LHUILLIER	M. LEGAY
COMMISSAIRE-PRISEUR	EXPERT
29, Rue Le Peletier.	74, Quai des Orfèvres.

Chez lesquels se distribue le Catalogue.

BIBLIOTHÈQUE ROMANTIQUE

ET FACÉTIEUSE

LIVRES EN NOMBRE

1. **De Pogge.** Facéties traduites en français avec le texte latin. Edition complète, 2 volumes in-8, broché, 34 exemplaires.
2. **De Lucius de Patras.** La Luciade ou l'Ane avec le texte grec, revu sur plusieurs manuscrits. Un volume broché in-12, contenant 8 figures dans le goût antique, 84 exemplaires.
3. **Marti.** La Musique zéphirienne, historiettes crépitantes recueillies par un professeur de basson, in-8 broché, papier teinté. *Paris, Willem,* 1873, 69 exemplaires.
4. **A. Mounier.** Eaux-fortes et Rêves creux, Sonnets excentriques et Poèmes étranges, in-8 broché, papier velin, 49 exemplaires.
5. **La Tasse** (comédie), propre pour être exhibée au temps de Caresme-Prenant, in-8 broché, avec vignettes, 9 exemplaires.
6. **La Tasse** (comédie), grand in-8 broché, avec vignettes.
7. **La Tasse** (comédie), en plus les droits nouveaux établis sur les femmes mondaines, la vraie Médecine de Maistre Grimache qui guérit de tous maux, et plusieurs autres Discours joyeux des friponniers et friponnières, grand in-8 broché, avec vignettes, 12 exemplaires.
8. **Recueil de quelques pièces** sur les Chambrières et Bourgeoises de Paris, avec vignettes et eaux-fortes, in-8 broché, 6 exemplaires.

8 *bis.* D°, cartonné avec figures (non rogné), 2 exemplaires.

9. **Recueil de quelques pièces** sur les Chambrières et Bourgeoises de Paris, en plus les Privilèges et Fidélitez des Chastris, le Bruit qui court de l'Epousée, le Tocsin des Filles d'amour, etc., etc., grand in-8, avec vignettes et eaux-fortes, 6 exemplaires.
10. **Le Plat de Carnaval,** ou les Beignets apprêtés par Guillaume Bonnepâte pour remettre en appétit ceux qui l'ont perdu, avec vignettes, grand in-8 broché, 7 exemplaires.
11. **Le Plat de Carnaval,** in-8 broché, 14 exemplaires.
12. **Procez et amples Examinations** sur la vie de Caresme-Prenant, traduit de l'italien en français. Recueil contenant huit pièces rares et curieuses, grand in-8 broché, 12 exemplaires.

12 *bis.* D°, grand papier Chine, 50 exemplaires.

13. D°, petit in-8, broché, 6 exemplaires.

13 *bis.* D°, grand in-8, papier, 50 exemplaires.

14. **Procez et amples Examinations** sur la vie de Caresme-Prenant, traduit d'italien en français. Recueil contenant vingt-cinq pièces rares et curieuses, cartonné en un volume in-8, broché, non rogné, avec vignettes, 4 exemplaires.

14 *bis.* D°, 166 exemplaires, petit in-8.

15. **Procez et amples Examinations** sur la vie de Caresme-Prenant. Réimpression de seize pièces rares et curieuses en un volume in-8 cartonné, non rogné, avec vignettes, 5 exemplaires.
16. D°, un volume sur papier de Chine, in-8, cartonné.
17. D°, un volume in-8, cartonné.
18. **Recveil de Plvsievrs Farces** tant anciennes que modernes, en vers et en prose, in-8 cartonné, papier de Chine, avec vignettes (pièces rares et facétieuses).
19. D°, un volume cartonné, petit in-8, avec figures.
20. D°, un volume cartonné, grand in-8, avec figures.
21. **Recveil de plvsievrs Farces,** tant anciennes que modernes, 1 vol. cart., petit in-8 avec figures, grand papier.
22. **Recueil de Pièces.**

1° Les Chansons folâtres de comédiens recueillies par un d'eux et mises au jour en faveur de la Bande joyeuse pour leur servir de remède préservatif contre les tristes ditz Melancholicomorboafflatos. *Paris, Guillot-Gorin, aux Halles,* 1637.

2° Dans le même volume, Farces du Prince des sots et Mère sotte, jouées aux Halles de Paris le Mardy-Gras, l'an mil cinq cens et vinze et dix-huit autres dans le même genre, 1 vol. in-8, cart. avec figures.

23. **La fameuse Comédienne,** ou histoire de la Guérin auparavant femme et veuve de Molière. Réimpression conforme à l'édition de Francfort, 1688, suivie des variantes et autres éditions et accompagnée d'une préface et de notes par Jules Bonnassier, 1 vol. in-8 br., avec papier mécanique, avec figures, 51 exemplaires.
24. D° papier vergé (broché), 12 exemplaires.

25. **La Rapineide ou l'Atelier**. Poème burlesco-comico tragique en 7 chants, par un ancien Rapin des ateliers Gros et Girodet, in-8. *Paris*, 1870, avec figures, papier de Hollande, 30 exemplaires.

26. **La Rapineide ou l'Atelier**. Poème burlesco-comico tragique en 7 chants. par un ancien Rapin des ateliers Gros et Girodot, in-8 br., papier vergé, 100 exemplaires.

27. **Le Pantcha-Tantra ou les cinq Ruses,** fables du Brahme-Vichnou-Sarma. Aventures de Paramarta et autres contes traduits pour la première fois sur les Originaux indiens, par M. l'abbé Dubois. Treize eaux-fortes par Léonce Petit, 1 vol. in-8 br. *Paris, A. Barraud*, 1872, 405 exemplaires.

28. **Alphabet de l'Imperfection et Malice des femmes,** par J. Olivier. Quarante eaux-fortes dessinées par Gilbert, gravées par Cattelain, vingt-deux culs-de-lampe de Choffard. *Paris, A. Barraud*, 1876, in-8 br., papier de Chine, 89 exemplaires.

29. **Alphabet de l'Imperfection et Malice des femmes,** par J. Olivier. Quarante eaux-fortes dessinées par Gilbert, gravées par Cattelain, vingt-deux culs-de-lampe de Chaffard. *Paris, A. Barraud*, in-8 br., papier écu vergé, 324 exemplaires.

30. D° in-8 br., papier de Hollande, 309 exemplaires.

31. D° in-8 br., papier Whatmann, 97 exemplaires.

32. FIELDING. — **Tom Jones et l'histoire d'un enfant trouvé.** traduction nouvelle et complète en quatre volumes, ornée de douze gravures en taille-douce. *Paris*, 1833, in-8 br. non rogné. *Paris, Firmin-Didot*, 1833, 220 exemplaires.

32 *bis*. FIELDING. — **Tom Jones**, d°, 352 exemplaires, gravures coloriées.

33. **Traité de la forme** et devis comme on fait les Tournois, par Olivier de la Marche, enrichi de 16 magnifiques planches, dont 9 doubles coloriées au pinceau avec le plus grand soin et rehaussées d'or. 1 beau vol. in-8 raisin, papier de la maison Morel. 142 exemplaires, papier vergé.

34. **Les Aventures du Gourou Paramarta.** conte facétieux, traduit de l'indien, par l'abbé Dubois, 1 vol. in-8 carré orné de 134 dessins dans le texte et de 21 eaux-fortes tirées dans et hors texte.

35. **L'Œuvre original de Vivant-Denon,** suite de 317 planches formant la collection la plus variée pour l'étude de la gravure à l'eau forte, avec une notice très détaillée sur l'auteur et sur son œuvre, par M. Albert de la Fizelière, 37 exemplaires in-4. en grand papier de Hollande.

35 *bis*. D°, 3 collections suite complète à la sanguine, sans texte et une en noir plus 3 séries sanguines, 11° série et 78 exemplaires. in-4 colombier, complets.

36. **Galerie théâtrale** ou collection de 144 portraits en pied des principaux acteurs et actrices qui ont illustré la scène française depuis 1552 jusqu'à nos jours, 2 vol. in-4 jésus, vélin, 20 exemplaires.

36 *bis*. D°, 2 vol complet.

37. **La Vie au temps des cours d'amour.** Croyances, usages et mœurs intimes des xi°, xii° et xiii° siècles, d'après les chroniques, gestes, jeux, partis et fabliaux, etc., par Antony Meray. *Paris, Claudin*, 1876, 1 fort vol. in-8 br., 22 exemplaires.

38. **La Neuvaine de Cythère,** par Marmontel, de l'Académie française, avec notice par Charles Monselet, illustrée du portrait de l'auteur et de 9 vignettes dessinées par Fesquet. *A. Barraud*, 1779, grand in-8, papier velin raisin (broché), 305 exemplaires

39. D°, grand in-8, papier de Chine, raisin broché, 97 exemplaires.

40. D°, grand in-8. papier vergé jésus (broché), 24 exemplaires.

41. D°, grand in-8 velin jésus (broché), 30 exemplaires.

41 *bis*. D°, 4 vol. grand in-8 broché, papier velin Watterman raisin.

42. D°, in-8 vergé raisin (broché), 70 exemplaires.

43. D°, in-8° papier velin raisin (broché), 305 exemplaires.

44. **Les Aventures du Gourou Paramarta,** conte facétieux traduit de l'indien. par l'abbé Dubois, 2 collections dans chaque carton (gravures sanguine et noires), ornées de 134 dessins dans le texte et 21 eaux-fortes tirées dans et hors texte, in-8 carré. papier japonais, en cartonné. *Paris*. 1877. 75 exemplaires de 2 collections.

45. **Les Aventures du Gourou Paramarta.** conte drolatique indien. traduit par l'abbé Dubois, orné de nombreuses eaux-fortes par Bernay et Cattelain, 1 vol. grand in-8 carré broché. *Paris*, 1877. papier raisin Chine, 138 exemplaires.

46. **Recueil des pièces rares et curieuses anciennes et modernes.** en vers et en prose, remises en lumière pour l'Esbattement des Pantagruélistes, avec le concours d'un bibliophile, 4 vol. illustrés, 107 vignettes sur bois dans et hors texte, 13 eaux-fortes tirées à part et lettres ornées. petit papier velin in-8° carré. 37 exemplaires complets.

47. D°, grand papier velin, in-8 carré broché, 96 exemplaires.

48. D°. grand papier Chine in-8 carré. broché.

48 *bis*. **Description topographique. historique.** Critique et nouvelle du pays et des environs de la Forêt-Noire, situés dans la province du Meiryland. Traduction très libre de l'anglais, petit in-8 jésus, broché, 89 exemplaires.

48 *ter*. **Galerie théâtrale,** même ouvrage que le n° 36, en 2 exemplaires incomplets, manque biographie Rigotini 3° livraison. Dominique 7 livraisons et de l'autre exemplaire manque biographie de Lays 14 livraisons, de Lepeintre 15 livraisons, de Le Sage 15 livraisons et de Martin 16 livraisons et autres exemplaires incomplets.

LIVRES ANCIENS ET MODERNES

49. **Amours et galanteries des rois de France.** Mémoires historiques sur les concubines, maîtresses et favorites de ces princes depuis le commencement de la monarchie jusqu'au règne de Charles X, par Saint-Edme. *Paris*, 1830, en 2 vol. in-8 cartonné, relié.

50. **Adele de Montmorency** ou la Belle Emigrée, histoire véritable. *Paris*, 1800, in-8 relié, 2 vol.

51. **Les aventures merveilleuses de don Sylvia de Rosalva**, traduit de l'allemand, 2 vol. brochés à *Dresde*, 1769.

52. **Variétés historiques et littéraires.** Recueil de pièces volantes, rares et curieuses, en prose et en vers, revues et annotées, par Edouard Fournier, in-8 cartonné en 10 vol.

53. **Recueil de poésies françoises des XV° et XVI° siècles.** Morales facétieuses, historiques, réunies et annotées, par M. Anatole de Montaiglon, in-8 cartonné en 9 vol.

54. **Le Perroquet.** Roman anglais-français-allemand, et qui n'est traduit d'aucune langue par C.-J. Rougemaître, auteur du Roman tragique, de l'Ogre de Corse, de Séraphine ou le republicain-royaliste, etc. *Paris*, 1817, in-8 cartonné, I et II réunis, tomes III et IV réunis en 2 vol.

55. **Amour, orgueuil et sagesse**, nouvelle suivie de la Négresse, par Mᵐᵉ Ad. Ballent et J. Quantin, avec figure, in-8 cartonné. *Paris*, 1826, relié.

56. **Le cheveu**, précédé du Voyage, conte en vers libres, par un Officier de dragons. *Paris*, 1808, in-8 cartonné, relié, 1 vol.

57. **La Bavarde sans pareille** ou la jolie Causeuse, par une Société de muets. 1 vol. relié parchemin. *Paris*, 1818.

58. **L'élite des poésies héroïques et gaillardes de ce temps**, augmentées de plusieurs manuscrits non encore vus. *Amsterdam*, MDCCX, relié.

59. **Amusements d'un prisonnier.** Parve, nec invideo, sine me liber ibis in urbem. Hei mihi. Quod domino non licet ire luo. *Paris*, MDCCI, relié.

60. **Almanach nouveau** de l'an passé ou l'almanach puce n° 1, où l'on annonce les choses arrivées et qui arriveront encore, ouvrage curieux et profond proposé par souscription. A *Genève* et dans tous les pays, cartonné.

61. **Daphnis et Chloé**, poème en six chants, traduit de la langue celtique, par M. B. *Paris*, 1789, cartonné.

62. **Sever Pinacus de Virginitatis** notis graviditate et partis Ludov. Bonaciolus de conformatione fœtus accedunt Alia Lugd. Zatavorum, 1639, 1 vol. in-18. V. Racine dentelle. Se joint aux Elzevier.

63. **Le Remède d'Amour**, poème d'Ovide, traduction nouvelle, avec des notes, par J.-E.-C. Grainville, *Paris*, 1797, cartonné.

64. **De l'Utilité de la Flagellation** dans la médecine et dans les plaisirs du mariage et des fonctions des lombes et des reins, ouvrage singulier traduit du latin de J.-H. Meibornius, nouvelle édition. A *Paris*, 1795, cartonné.

65. **Le Plaisir**, poème en VI chants par le feu comte d'Estaing, nouvelle édition, cartonné. *Paris*, MDCCXCVI.

66. **Angola**, histoire indienne, ouvrage sans vraisemblance, première partie. 1 vol. cart. MDCCXLIX. A *Agra*, avec privilège du Grand-Mogol.

67. **Le Passe-Partout galant**, par M*, chevalier de l'ordre de l'Industrie et de la Gibecière. A *Constantinople*, 1710, 1 vol. relié.

68. **Trapue, reine des Tapinanbous**, ou la Maîtresse-femme, conte pour servir de suite aux contes du même auteur. A *Amsterdam*, MDCCLXXI, cart.

69. **Le Roman du jour**, pour servir à l'histoire du siècle, première partie. *Amsterdam*, cart.

70. **Chansons et Poésies diverses**, par M. A. Désaugiers (nouvelle édition), cart. Tomes I et II réunis et III et IV réunis.

71. **Contes nouveaux** en vers, dédiés à Son Altesse Royale Monsieur, Frère unique du Roy. 2° édition, 1 vol. relié.

72. **Mémoires de Mʳ L. C. D. R**, contenant ce qui s'est passé de plus particulier sous le ministère du cardinal de Richelieu et du cardinal de Mazarin, avec plusieurs particularités remarquables du règne de Louis le-Grand (seconde édition, revue et corrigée). A *Cologne*, 1681, 1 vol. relié.

73. **Jeanne de Naples**, par E.-M. Masse, auteur de l'histoire du pape Alexandre VI et de César Borgia. 1 vol. cartonné. *Paris*, 1833.

74. **Quatre mois dans les Pays-Bas**, voyage épisodique et critique dans la Belgique et la Hollande. *Paris*, 1829, 1 vol. cartonné.

75. **Les Farfadets**, ou tous les Démons ne sont pas de l'autre monde, par Al. Berbiguier de Terre-Neuve du Thym, en 3 volumes ornés de 8 superbes dessins lithographiés, in-8 broché. *Paris*, 1821.

76. **Quatre mois dans les Pays-Bas**, voyage épisodique et critique de deux Littérateurs dans la Belgique et la Hollande, publié par M. Lepeintre, 2° édition. Le Midi des Pays-Bas, 1 vol. cartonné, in-8. *Paris*, 1830.

77. **Œuvres mêlées du Sieur G.D.B.** *Paris*, MDCCXV. 1 vol. relié in-8.

78. **Les Femmes des douze Césars**, contenant la vie et les intrigues secrètes des Impératrices et femmes des premiers Empereurs romains, où l'on voit les traits les plus intéressants de l'histoire romaine, tirés des anciens auteurs grecs et latins, par M. de Serviez, 2° édition, 1 vol. in-8 relié. *Paris*, MDCCXX.

79. **Les Egarements d'un Philosophe,** ou la vie de Chevalier de Saint-Albin, par M. de Saint-Clair. *Paris*, 1786. 1 vol. in-8 cartonné.

80. **Les Contes de Boccace**, traduction nouvelle enrichie de belles gravures. *A Londres*, MCCLXXIX, en 10 volumes in-8 broché.

81. **Les Réverbères**, chronique de nuit du vieux et du nouveau Paris, par Touchard-Lafosse, auteur des Chroniques de l'œil-de-bœuf, des Tuileries, du Luxembourg, etc., 3e édition, en 6 volumes in-8 cartonné.

82. **Les Dangers d'un tête-à-tête**, ou histoire de Mi-s Mildmay, traduit de l'anglais. 2 vol. in-8, cart. *Paris*, an VIII.

83. **Les Aveux d'une jolie femme.** *A Bruxelles*, in-8 cart., 2 vol.

84. **Œuvres diverses de M. de Grécourt**, nouvelle édition augmentée d'un grand nombre de pièces. 2 vol. in-8 cart.

85. **Œuvres diverses de M. de G*****, nouvelle édition. *Amsterdam*, 1746, 2 vol. in-8 cart.

86. **Les Malheurs de l'amour.** *A Amsterdam*, 2 vol in-8 relié.

87. **Les Mille et un quarts d'heure**, contes tartares, 3 vol. in-8 cart.

88. **Œuvres diverses de M. de Grécourt** avec figures, 4 vol. in-8 cart.

89. D°, en 2 vol. réunies reliés.

90. **Monrose**, ou le Libertin par fatalité, continuation de Félicia ou mes Fredaines, par le même auteur, 1792, 4 vol. in-8 broché.

91. **Œuvres complètes de Grécourt**, soigneusement corrigées et augmentées d'un grand nombre de pièces. 4 vol. in-8 relié. L'ouvrage complet 1795.

92. D°, 4 vol. in-12 broché, 1795.

93. **Mémoires authentiques d'une Sage-Femme**, par Mme Alexandrine Jullemier, sage-femme de la faculté de Paris. *Paris*, 1835, en 2 vol. in-8 rel.

94. **Edouard de Berville**, ou Aventures d'un Etourdi contenant ses voyages, ses amours et ses campagnes en Hollande, en Italie et en Égypte, 5 vol. in-8 cart. *A Paris*, an XII, 1804.

95. **Choix de Poésies allemandes**, par Hubert, en 4 vol. in-8, reliés, MDCCLXVI.

96. **La Femme et la Maîtresse**, par Maximilien Perrin, auteur de la Grande Dame, de la Jeune Fille, des Mauvaises Têtes, du Prêtre et la Danseuse, etc., etc., in-8 br., en 4 vol. *Paris*, 1835.

97. **Les Forges mystérieuses**, ou l'Amour Alchymiste, par M. Guénard de Faverolle, ancien capitaine de dragons, en 4 vol. in-8 br. *Paris*, 1819.

98. **Les Françaises**, au XXXIV exemples choisis dans les mœurs actuelles propres à diriger les Filles, les Femmes, les Epouses et les Mères, 4 vol. in-8 br. *Neufchâtel* 1786.

99. BERNARD. — **Le Péché originel**, traduit librement du latin, réimpression sur l'édition la plus complète de 1741, en 1 vol. in-12 br., 42 exemplaires. *Paris*, 1868.

100. DORVIGNI. — **Les Jeux Caprices et Bizarreries de la nature**, 3 vol. br. *Paris*, 1808.

101. FLÉCHÉ ET BERNARD. — **L'Enfant du Carême**, 2 vol. br. *Paris*, 1803.

102. **Le Coupable**, ou les Vengeances de Miss Scharp, traduit de l'anglais, par Jean-François André, traducteur de l'histoire abrégée de l'Empire britannique de Plowden, 2 vol. cart. *Paris*, an VII.

103. **L'Enfant chéri des Dames**, 2 vol. cart. *Paris*, 1800.

104. ARSÈNE DE BEY. — **L'Entremetteuse**, ou les Assassins du Château de Versène, auteur de l'Enfant du mystère du Château du mystère de M. Poulet, 4 vol. br. *Paris*, 1840.

105. **Le Neveu du Chanoine**, ou Confessions de l'abbé Guignard, écrites par lui-même, 4 vol. br. *Paris*, 1831.

106. RABAN. — **Les Jumeaux de Paris** en 3 vol. br. *Paris*, 1828.

107. HALBERT D'ANGERS. — **Le grand livre des Secrets éprouvés.** Recueil complètement inédit, d'après un manuscrit conservé en famille depuis 200 ans, ayant appartenu à M. le duc de Chaulnes, ouvrage compulsé, annoté et mis en ordre, 11 vol., br. *Paris*, 1859.

108. **Alcymadure**, ou le premier Musicien. (Roman pastoral), 1 vol., relié veau. *Paris*, 1802.

109. **Les vrais Plaisirs**, ou les Amours de Vénus et d'Adonis, 1 vol. relié veau. *A Paphos*, MDCCXLVIII.

110. **Pièces facétieuses.** Advis donné aux hommes martyrisés par leurs femmes. — Nouvelle Gazette enrhumée avec les remèdes pour se garantir du rhume, mal de tête et d'estomac. — Le Testament du scientific et praulific Picotin, etc., etc., suivant la copie. *A Paris*, 1651-1877, 1 vol. in-8 demi-reliure.

111. **La puissance de l'Amour**, ou histoire du comte de Clare et de la marquise de Merville, 1 vol. in-8 cartonné. *Londres*, MDCCLXXVI.

112. **Lettre philosophique**, par M. de V... avec plusieurs pièces galantes et nouvelles de différents auteurs, nouvelle édition augmentée de plusieurs pièces. 1 vol. in-8 relié. *A Londres*, MDCCLXXVI.

113. **De la Prostitution en Europe**, depuis l'antiquité jusqu'à la fin du XVIe siècle, par Rabutaux avec planches hors texte, gravées par Bisson et Cottard, 1 vol. grand in-8 relié. *Paris*, 1865.

114. **Recueil de quelques pièces sur les Chambrières et Bourgeoises de Paris.** 1 vol. demi-reliure à tête dorée, avec gravure. *Paris*, 1606.

115. **Les Scandales de Londres dévoilés** par la *Pall Mall Gazette*. Traduction littérale des articles de ce journal, 1 vol. broché. *Paris*, 1885.

116. HÉROALDE. — **Le Moyen de parvenir.** Œuvre contenant la raison de ce qui a esté, est et sera, avec démonstrations certaines selon la rencontre des effets de vertu, 4 vol. brochés et un solde tablo papier de Chine. *Paris*, 1870.

117. **Le Marchand forain et ses fils**, par l'auteur de l'Infidèle par circonstance, d'Eglai, d'Elisabeth Lange, etc., etc. 4 vol. broché. *Paris*, 1808.

118. **Contes de Boccace.** Traduction nouvelle enrichie de belles gravures. 10 vol. reliés veau. *Londres*, 1779.

119. PLANCY. — **Dictionnaire infernal**, ou bibliothèque universelle sur les Etres, les Personnages, etc., etc., 4 vol. brochés. *Paris*, 1825.

120. **Tom Jones** ou l'Enfant trouvé. Traduction nouvelle, par le citoyen Navaux, 4 vol. in-12 cartonné. *Paris*, an IV.

121. **Catalogue de Livres** imprimés sur vélin, 4 vol. broc és. *Paris*, MDCCCXXIV.

122. **Daïra.** Histoire orientale en quatre parties pour Madame du Pin, 1 vol. in-12 cartonné. *Paris*, 1760.

123. **Deux Catalogues** des livres rares et précieux de feu Jacques-Charles Brunet, 2 vol. brochés. *Paris*, 1868.

124. **Deux Catalogues** des livres rares et précieux de M. le prince Sigismond Radziwil, 1 vol. *Paris*, 1865, broché.

125. **Deux Catalogues** de la Bibliothèque de M. N. Yemenéz, précédé d'une notice par M. Le Roux de Lincy. *Paris*, 1867, broché.

126. **Catalogue** des Livres rares et précieux, Manuscrits et imprimés de la Bibliothèque de M. le Baron J. P., 1 vol. *Paris*, 1869. broché.

127. **Catalogue général de la Librairie française** au XIXe siècle par M. Paul Chéron, tome Ier, A. Bonichon, tome II, Boniface Cortlogon. *Paris*. 1856-1857, broché.

128. **Catalogue** des Livres rares et curieux de M. Francisque Michel, *Paris*, 1858, relié.

129. **Catalogue** des Livres rares et curieux de la Bibliothèque de M. E. B*, 1 vol. relié. *Paris*. 1850.

130. **Catalogue** des Livres rares et précieux, par M. Auguste Ve nant, 1 vol. broché. *Paris*, 1860.

131. **Traité théorique et pratique de l'Art des accouchements,** par P. Cazeaux, 1 vol. cart. *Paris*, 1853.

132. **Traité complet d'accouchement et des maladies des fille·, des femmes et des enfants,** par M. Cardien. 4 vol. reliés. *Paris*, 1816.

133. GARNIER. — **Histoire de la Magie en France,** 1 vol. broché. *Paris*, 1818.

134. CHARLES. — **Caractères et Paysages.** 1 vol. cart. *Paris*, 1833.

135. BERTRAND. — **Gaspard de la Nuit.** Fantaisies à la manière de Rembrandt et de Callot, 1 vol. broché. *Paris*, 1857.

136. GAUTHIER. — **Mademoiselle de Maupin,** 1 vol. broché. *Paris*, 1857.

136 bis. ANTONY BÉRAUD. — **Le Pendu.** Histoire d'une grande dame de la Restauration napolitaine et du baron Pierre Férat aujourd'hui galérien, 2 vol. cart. *Paris*. 1836.

137. FRÈRE JEAN. — **Du Neuf et du Vieux.** Contes et mélanges. Etrennes aux délicats, 1 vol. broché. *Bruxelles*, 1873.

138. **Mémoires secrets de a République des Lettres,** 1 vol. broché. *Paris*, an VIII.

139. ANTONY MERAY. — **La Vie au temps des Trouvères.** Croyances, usages et mœurs intimes du XIe, XIIe et XIIIe siècles, 1 vol. broché, 1873.

140. ANTONY MERAY. — **La Vie au temps des Cours d'amour.** Croyances, usages et mœurs intimes des XIe, XIIe et XIIIe siècles, 1 vol. broché. *Paris*, 1876.

141. **Contes, Aventures et faits singuliers,** etc. recueillis de M. l'abbé Prevot, 2 vol. reliés. *Paris*, MDCCLXX.

142. **Fanny.** Etude par Ernest Feydeau, 1 vol. relié, *Paris*, MDCCCLVIII.

143. **Un Droit de Mari,** par Etiennez, 1 vol. broché, *Paris*, 1834.

144. **Le Tableau des Piperies des femmes mondaines,** 1 vol. broché. *Paris*, 1879.

145. **Histoire et Aventures de Dona Rufine,** fameuse courtisane de Séville, 2 vol. cart. *Amsterdam*, MDCCXXIII.

146. **Ruses d'amour,** par Emile Gaboriau, 1 vol. broché. *Paris*, 1862.

147. **Histoire de l'Amour** dans les temps modernes, chez les Gaulois, etc., 1 vol. broché, par Cenac Moncaut. *Paris*, MDCCCLXIII.

148. **Daphnis et Chloé** ou les pastorales de Longus traduites du grec, par J. Amyot, 1 vol. broché. *Paris*, 1863.

149. **Histoire véritable de Jeanne de Saint-Remi,** ou les aventures de la comtesse de la Motte, 1 vol. cart.. A *Villefranche*, 1786.

150. VIVANT-DENON. — **Point de lendemain.** Conte orné de fleurons par Marillier. Notice par Malassis. 3 vol. brochés. *Paris*, 1876.

151. MONSELET. — **Le double Almanach gourmand.** 1 vol. demi-reliure. *Paris*, 1863.

152 **Histoire de Madame de Luz.** Anecdote du règne de Henri IV. 1 vol. relié parchemin. MDCCXLI.

153. M. G. de la BATAILLE. — **Jeannette seconde,** ou la nouvelle paysanne parvenue. 1 vol. relié veau. *Amsterdam*, 1757.

154. **Histoires françoises galantes et comiques,** aux dépens d'Etienne Roger. 1 vol. relié. *Amsterdam*, 1710.

155. **Atalzaide,** ouvrage allégorique, imprimé où l'on a pu. 1 vol., par Crébillon fils. Relié veau.

156. **La Gaudriole,** ou faites retirer les demoiselles. Recueil des meilleures chansons joyeuses et badines, etc.. 1 vol. relié. *Paris*, 1816.

157. **Traité de la jalousie,** ou moyen d'entretenir la paix dans le mariage. 1 vol. relié veau. *Paris*, MCCLXXIV.

158. **Azoïla.** Histoire qui n'est point morale. 1 vol. *Amsterdam*, MDCCLXIII. Relié veau.

159. **Contes et Nouvelles** en vers à M. Martin Baron, par l'auteur Pirault Deschaumette. 1 vol. demi-reliure. *Bruxelles*, 1820.

160. **Le Gazetier cuirassé,** ou anecdotes scandaleuses de la cour de France. 1 vol. demi-reliure. Imprimé à 100 lieues de la Bastille, à l'Enseigne de la Liberté. MDCCLXXVII.

161. **L'Ecole des Maris jaloux,** réimpression faite sur l'édition de Neufchatel, 1698, avec notice. 1 vol. broché. A *San-Remo*, 1874.

162. M***. — **Aventures intéressantes d'un orphelin françois,** ou lettres de M. le Comte de B***. 1 vol. broché. A *La Haye*, 1789.

163. BEAUMARCHAIS. — **Aventures intéressantes de dom Antonio de Buffalis,** histoire italienne. 1 vol. relié parchemin.

164. DÉSAUGIERS. — **Chansons et poésies diverses.** 1 vol. demi-reliure. *Paris*, 1834.

165. VIVANT DENON. — **Description des Objets d'art qui composent son cabinet.** 1 vol. demi-reliure. *Paris*, 1826.

166. **Mémoires de la comtesse de Valois de Lamotte,** écrits par elle-même. 1 vol. demi-reliure. *Paris*, 1846.

167. **Le petit Neveu de Boccace**, ou contes nouveaux en vers. 1 vol. relié veau. *Avignon.* 1781.

168. **Journées Mongoles**, opuscule décent d'un docteur chinois. 1 vol. relié veau. *Paris.* 1772.

169. **Le Poesie-di-Georgio-Baffo-Patrizio-Veneto.** 1 vol. relié veau. *A Londra*, MDCCCLXXXIX.

170. **La Guerre des dieux anciens et modernes.** Poëmes en dix chants, par Evariste Parny. 1 vol. demi-reliure. *Paris*, an VII.

171. **Advis pour dresser une bibliothèque**, par M. Gabriel Naudé, 1 vol. broché. *Paris*, 1876.

172. **Le Quart d'heure d'une jolie femme**, ou les amusements de la toilette, ouvrage presque moral, par Mlle de ***, 1 vol. *A Genève*, 1753, relié parchemin.

173. **Elise d'Alpeuil**, ou les deux portraits. par Mme Dacheu, 1 vol. demi-reliure. *Paris*, 1824.

174. **L'Ouanisme des Enfants** combattu par la circoncision des Israélites. Opération réformée, par Cyprien Lefournier, 1 vol. broché. *Paris*, 1847.

175. **Chansons joyeuses** mises au jour, par un ane-onyme, onissime, 1 vol. broché. *Paris*, VXLCCDM.

176. **Contes et Nouvelles**, par J. de La Fontaine, ornée de vignettes, 1 vol. demi-reliure. *Paris*, 1835.

177. **Honorine Clarins.** Histoire américaine, publiée par M. Nougaret, avec figures en taille-douce, en 2 volumes reliés veau. *Paris*, 1792.

178. **Histoire de Madame de Luz.** Anecdote du règne de Henri IV. 1 vol relié veau. A *La Haye*, MDCCXLI.

179. **Histoire politique et amoureuse du cardinal Louis Portocarrero**, archevêque de Tolède, 1 vol. relié veau. *Amsterdam*, MDCCXXXIV.

180. **Le Jargon**, ou langage de l'argot réformé à l'usage des merciers, porte-balles et autres, etc., etc. 1 vol. broché. *A Beauvais*, 1817.

181. DE GRÉCOURT. — **Œuvres Cadnies**, 1 vol. broché. *Paris*, 1834.

182. AMYOT. — **Les Amours pastorales de Daphnis et Chloé**, 1 vol. relié veau. *Versailles*, 1784.

183. D°, *A Londres.*

184. L'auteur du Marchand forain. — **Le Valet par circonstance**, ou le panorama de quelques maisons de Paris vues dans l'intérieur, 4 vol. demi-reliure. *Paris*, 1817.

185. **Voyage et description du temple de Cythère.** suivi du Rien-de-Trop, etc., etc. 1 vol. relié veau. *A Cythère.* 1752.

186. LOUIS LE GRAND. — **Mémoires de M. L. C. D. R.**, contenant ce qui s'est passé sous le ministère de Richelieu et de Mazarin, 1 vol. relié. *A La Haye.* 1694.

187. **Les Avantures de Pomponius**, chevalier romain. 2 vol. reliés veau. *A Rome*, 1728.

188. **Les Amours de Daphnis et Chloé**, 1 vol. relié maroquin plein, avec figures dessinées par Binet et gravées par Blanchard, MDCCXCV.

189. **Œuvres mêlées de M. de Bosel Beaumont**, 1 vol. relié veau. *A Amsterdam*, MDCCL.

190. **Les Confesssions du comte de ***** écrites par lui-même à un ami, 1 vol. relié veau. *A La Haye*, MDCCLXV.

191. **Œuvres choisies de Grécourt**, précédées d'une notice historique, 1 vol. broché. *Paris*, 1827.

192. **L'Écouteur aux portes**, petite revue morale et satyrique. 1 vol. cart. *Paris.*

193. **Mémoires de M. L. C. D. R.**, contenant ce qui s'est passé sous le ministère du cardinal Richelieu et du cardinal Mazarin, en deux exemplaires reliés veau. *Cologne*, 1692.

194. **Les Aventures d'un homme extraordinaire**, ou les femmes comme il y en a beaucoup. 1 vol. broché. *Paris*, 1800.

195. **Le faux Ravisseur** ou caravanes galantes du C... d'Abbeville, par M. L. le M.. en 2 vol. brochés. *Paris*, an XI de la République.

196. **L'Heptaméron**, contes de la reine de Navarre, 1 vol. broché. *Paris.* 1866.

197. **Les Aventures merveilleuses de don Sylvio Rosalvà**, traduit de l'allemand, 2 vol. brochés. *A Dresde*, 1769.

197 bis. D°. 2 vol. reliés veau. *A Dresde*, MDCCLXIX.

198. **Le premier livre du labyrinthe d'amour**, ou suite des muses folâtres, par U. F. S. D G. 3 vol. reliés parchemin, *A Rouen*, 1615.

199. GUILLAUME POSTEL. — **Les très merveilleuses victoires des femmes du Nouveau Monde**, 1 vol., broché, papier Chine. *Turin*, 1869.

200. BLANCHEMAIN. — **Les Amours d'Olivier de Magny.** 1 vol., broché, papier vélin. *Turin*, 1870.

201. BLANCHEMAIN. — **Les Soupirs d'Olivier de Magny**, 1 vol., broché, papier vélin. *Turin.* 1870.

202. BLANCHEMAIN. — **Les Amours de Henry et de Madeleine**, poëme en 2 chants, 1 vol., broché, *Paris*, 1793.

203. NOUGARET. — **Apologue et nouveaux Contes en vers**, 1 vol. cartonné. *Orléans*, 1814.

204. NOUGARET. — **Il Libro del Perche.** La Pastorella del Marino. La Novella dell' Angelo Gabriello, e la Puttana Errante di pietro. Aretino, 1 vol., demi-reliure. *A Pékin*, nel XVIII secolo.

205. NOUGARET. — **Contes en vers.** 3 vol., demi-reliure, *Paris*, 1810.

206. MOLIÈRE. — **Joguenet**, ou les Vieillards dupés, comédie en 3 actes, 1 vol., broché, *Genève*, 1868.

207. MOLIÈRE. — **Adélaïde de Messine**, nouvelle historique, galante et tragique, ornée de figures en taille-douce, 1 vol., relié parchemin, *Amsterdam*, MDCCXLII.

208. MOLIÈRE. — **Le Saudrin**, ou Vert-Galand, 1 vol., relié parchemin. *Paris*, 1619.

209. **Histoire de Jean-l'ont pris**, par l'abbé Favre, 1 vol., broché, *Paris*, 1877.

210. **Nanette**, ou la Jolie écosseuse, écrite par elle-même, 1 vol., relié veau, *Paris*, an VII.

211. **Le joyeux passe-temps d'hiver**, faisant suite au nouveau Roger Bontems, 1 vol., cartonné, *Paris*, 1803.

212. **Histoire véritable, facétieuse, gaillarde, etc., etc.**, par F. C. B**, 1 vol., broché, *Paris*, 1831.

213. **Élite de Poésies fugitives**, 4 vol., demi-reliure, *Londres*, MDCCLXIX.
214. **Le Libertin devenu vertueux**, ou Mémoires du comte D**, 1 vol., relié veau. *Londres*, MDCCLXXVII.
214 *bis*. **Le Libertin devenu vertueux**, ou Mémoires du comte D**, 2 vol., demi-reliure, MDCCLXXVII.
215. **Victoires, conquêtes et revers d'une femme de qualité**, par Raban, 4 vol., cartonné, *Paris*, 1835, 4 vol., demi-reliure. *Paris*, 1835.
216. **Mémoires de la Princesse de Lamballe**, par Mme Guénard, 2 vol., reliés veau. *Paris*, 1801.
217. **Vie de Marion de Lorme**, et suivie de l'Histoire de Suzette, 1 vol., broché. *Paris*, 1804.
218. **Histoire politique et amoureuse du cardinal Louis Portocarrero**, 1 vol., cartonné, *Amsterdam*, MDCCXXXIV.
219. **Novelle Galanti**, opéra postuma dell Abate. Giambattista Costi Romano. Italia 1804. 4 vol.
220. **Mémoires de Saint-Félix**, ou Aventure d'un jeune homme, par R. J. Durdent. 3 vol., demi-reliure. *Paris*, DCCCXVIII.
221. **Les Augustins**, contes nouveaux, 2 vol., demi-reliure. À *Rome*, 1779.
222. LE GUAY. — **Le jeune peintre**, ou Mon histoire, 2 vol., demi-reliure, *Paris*, 1821.
223. **Œuvres choisies de M. de la Monnoye**, 1 vol., relié veau. À *Bouillon*, 1780.
224. **Le jeune Séminariste de 1788**, 4 vol., demi-reliure. *Paris*, 1829.
225. PARNY. — **La Guerre des dieux anciens et modernes**, poème en 10 chants, 1 vol., broché. *Paris*, an VII.
225 *bis*. PARNY. — **La Guerre des dieux anciens et modernes**, 1 vol., demi-reliure. *Paris*, an VIII.
226. MARQUIS D'ARGENT. — **Nouveaux mémoires**, pour servir à l'Histoire de l'Esprit et du Cœur, 1 vol., relié veau. À *La Haye*, MDCCXLV.
227. **Les admirables secrets d'Albert-le-Grand**, contenant plusieurs traités sur la conception des femmes, sur les vertus des herbes, etc., etc., 1 vol., relié veau. À *Lyon*, 1753.
228. **Portefeuille volé**, contenant : 1° Le Paradis perdu ; 2° Les Déguisements de Vénus ; 3° Les Galanteries de la Bible, 1 vol., broché, *Paris*, 1805.
229. **Œuvres badines de Voltaire**, 1 vol., broché, *Paris*...
230. **Mémoires d'une Religieuse**, écrits par elle-même. 2 vol., reliés veau. *Amsterdam*, 1766.
231. **La Bigarrure embellie**, 1 vol. broché. *Paris*.
232. **Éloge de quelque Chose** suivi de l'éloge de rien, par M. Daire, etc., etc., 1 vol. cartonné. *Paris*, 1795.
233. **Estreine de Pierrot à Margot**, par M. P. L., 1 vol. broché. *Genève*, 1868.
234. **La Callipédie** ou l'art d'avoir de beaux enfants, par M. J.-M. Caillau, 1 vol. broché. *Paris*.
235. **Le Parisien parvenu** ou petit Tableau de Mœurs, par **, 4 vol. demi-reliure. *Paris*, 1822.

236. **Contes et Poésies libres de Grécourt**, 1 vol. broché. *Londres*, 1797.
237. **La Guerre des Dieux**, poème en dix chants, par Evariste Parny, 1 vol. broché. *Bruxelles*, MDCCCXIV.
238. **Mémoires de M. L. D. C. R.**, contenant ce qui s'est passé de plus particulier sous le ministère du cardinal de Richelieu et du cardinal de Mazarin, par Faudras, 1 vol. relié veau. À *La Haye*, MDCLXXXIV, et 1 vol. relié veau, MDCCX.
239. **Discours d'aucuns propos rustiques, facétieux et de singulière récréation** ou les ruses et finesses de Ragot, capitaine des Gueux, par Léon Ladulfi, 1 vol. relié veau, MDCCXXXII.
240. **Les Amours de Mme d'Elbeuf**, nouvelle historique contenant plusieurs anecdotes du cardinal de Richelieu, 1 vol. relié veau. *Amsterdam*, MDCCXXXIX.
241. **Julien l'Apostat** ou voyage dans l'autre monde, par M. **, 1 vol. relié veau. À *Reims*, 1784.
242. **Monsieur de la Poulinière** ou Mémoire d'un Mari comme il y en a tant, par L. L. D. F. A. D. H., 3 vol. brochés. *Paris*, 1818.
243. LANTIER. — **Contes** en prose et en vers suivis de pièces fugitives et du poème d'Erminie, avec gravures, 3 vol. cartonnés. *Paris*, 1804.
244. EUGÈNE DE MONGLAVE. — **Mon Parrain Nicolas**, histoire véritable, 2 vol. brochés. *Paris*, 1824.
245. **Les Amours malheureuses d'une dame de Cobourg** et de plusieurs autres princesses, 1 vol. demi-reliure. *Paris*, 1804.
246. RABAN. — **Le Curé capitaine**, 3 vol. cartonnés. *Paris*, 1832.
247. M. R**. — **Nouveau Conteur amusant**, contenant des saillies, bons mots, facéties, etc., etc., 1 vol. demi-reliure. *Paris*, 1822.
248. NOUGARET. — **Nouveaux Contes** en vers, 1 vol. broché. *Orléans*, 1814.
249. ROCHEMONT. — **Observations sur le Festin de Pierre**, 1 vol. broché. *Genève*, 1869.
250. **Les trois Écueils des Femmes**, roman traduit de l'anglais, 4 vol. cartonnés. *Paris*, 1825.
251. **Le Marchand forain et ses Fils**, par l'auteur de l'Infidèle par circonstance, etc., etc., 4 vol. cartonnés. *Paris*, 1819.
252. BONNASSIES. — **Les Auteurs dramatiques et la Comédie française** à Paris, aux XVIIe et XVIIIe siècles, 1 vol. broché. *Paris*, 1874.
253. DUPONT. — **Méla**, 1 vol. cartonné. *Paris*, 1804.
254. **Mémoires pour servir à l'histoire de l'infortunée Julie**, par M. Dacier, 1 vol. cartonné parchemin. *Amsterdam*, MDCCLXIX.
255. **Confession générale du chevalier de Wilfort**, 1 vol. cartonné, par Hubert d'Orléans.
256. **Lettres philosophiques**, par M. de Voltaire, avec plusieurs pièces galantes et nouvelles de différents auteurs, 1 vol. cartonné. *Londres*, 1776.
257. **Voyages d'Hyperbolus dans les Planètes** ou la Revue générale du Monde, par M. Coffin-Rony, 2 vol. reliés veau. *Paris*, 1808.

258. **Adélaïde de Messine,** orné de figures en taille-douce, 1 vol. relié veau. *Amsterdam*, MDCCXXXIII.

259. **L'infortunée sicilienne.** Histoire et Aventures des galantes et tragiques d'Adélaïde de Messine, orné de figures en taille-douce, 1 vol. cartonné parchemin.

260. **L'Homme aux six Femmes** ou les effets du divorce, par J. Labbé, 2 vol. brochés. *Paris*, 1802.

261. **L'Homme du jour** ou l'honnête Homme selon le monde, par P. J. B., 2 vol. cartonnés. *Paris*, 1806.

262. **L'Homme à Projets,** par Pigault-Lebrun, 4 vol. brochés. *Paris*, 1808.

263. DE M. BORDES. — **Parapilla** et autres Œuvres libres et galantes, 1 vol. demi-reliure. *Paris*, an IV.

264. DE BRUNE. — **Virginie de Beaufort** ou douze Années d'une Femme de vingt-cinq ans, 1 vol. relié veau. *Paris*, 1811.

265. **Les Bacchantes et les jeunes Patriciens sous les Césars,** par M. Cappefigue, 1 volume broché. *Paris*, MDCCCLXIV.

266. PAGÈS. — **Vies, Amours et Aventures de plusieurs illustres solitaires des Alpes,** ou les Malheurs des grandes passions, 3 vol. cart. *Paris*, 1800.

267. **Novelle** inédite de Giambattista Casti, nuovo éditione, 2 vol. cart. *Italia*....

268. DOM PERNETY. — **Recherches philosophiques sur les Américains,** 3 vol. reliés veau, *Berlin*, 1774.

269. **Tauzaï et Méadarnie,** histoire japonaise, 1 vol., relié veau, *Pékin*, MDCCXL.

270. **Recueil des plus belles Chansons et Airs de Cour,** 1 vol. relié veau. *Paris*....

271. DE L'ATTAIGNANT. — **Chansons et autres Poésies posthumes,** 1 vol. relié veau. *Paris*, 1780.

272. CASTILHON. — **Zingha, reine d'Angola,** histoire africaine, 1 vol., cart. parchemin. *A Bouillon*, 1770.

273. **Le Sopha,** conte moral, 1 vol., demi-reliure. *A Pékin*, 1000, 700, 60, 14.

274. JEAN GAY. — **Les Chats,** extraits de pièces rares et curieuses, en vers et en prose, 1 vol. broché. *Paris*, 1866.

275. MERCIER. — **Éloges du Pou, de la Boue et de la Paille,** traduites du latin, 1 vol. broché. *Paris*, an VII.

276. M. MÉNAGE. — **Suite du Menagiava,** ou bons mots, rencontres agréables, pensées judicieuses et observations curieuses, 1 vol., broché. *Amsterdam*, MDCCXIII, en 4 vol., de 2 tom. chacun.

277. **De Grécourt.** Œuvres complètes, en 4 vol. reliés veau. *A Luxembourg*, an X, 1802.

278. **Oncle, Nièce et Neveu,** 1 vol. demi-reliure. *A Paris*, an XI, 1802.

279. AUGUSTE RICARD ET MAXIMILIEN PERRIN. — **Les Vieux Péchés,** esquisses de mœurs, 1 vol., demi-reliure. *A Paris*, 1840.

280. M. DESFORGES. — **Eugène et Eugénie,** ou la Méprise conjugale, 4 vol. cart. *A Paris*, 1822.

281. LEGAY. — **Lopez et Délia,** ou les Caprices du sort, en 2 vol., cart. *A Paris*, 1824.

282. **L'Orphelin Normand,** ou les petites Causes et les grands Effets, 1 vol. relié veau. *Paris*, 1768.

283. M. TISSOT. — **L'Onanisme,** dissertation sur les maladies produites par la masturbation, 1 volume relié. *A Lausanne*, MDCCLXXVII.

284. M. LE BARON DE V. S. — **Mémoire de Lucile,** 1 vol. relié v. *A Paris*, MDCCLXI.

285. M. DESLANDES. — **Réflexions sur les grands Hommes qui sont morts en plaisantant,** 1 vol. relié veau. *A Amsterdam*, MDCCLXXVI.

286. **Anthologie,** ou Recueil complet de Chansons libres, anciennes, nouvelles et inédites, 1 vol. br. *A Londres*, 1832.

287. GOETHE. — **Alfred,** ou les années d'apprentissage de Wilhelm-Meister, traduit de l'allemand, avec figures et romances gravées, en 3 vol., brochés. *A Paris*, 1802.

288. NOUGARET. — **La Paysanne pervertie,** ou les Mœurs des grandes villes. Mémoire de Jeannette R**, en 4 vol. br. *A Londres*, MDCCLXXVII.

289. NOUGARET. — **La Capucinière,** ou le Bijou enlevé à la Course (Poème). Manque les figures, 1 vol. br. *Paris*, 1808.

290. GVILLAVME LE FAVLT. — **Petit Traicté contre l'abominable vice de paillardise et adultère,** etc., 1 vol. br. *A la Haye*, 1629.

291. M. PAUL LACROIX. — **Lettre sur la Comédie de l'Imposteur.** 1 vol. broché. *Turin* 1870.

292. **Mignardises amoureuses de l'Admirée,** Tabureau, du Mans. 1 vol. broché. *A Genève*, 1868.

293. M. LE MARQUIS D'ARGENS. — **Les Enchaînements de l'Amour et de la Fortune,** ou Mémoires du marquis de Vaudreville. 1 vol. relié veau. *A La Haye,* MDCCXLVI.

294. **Anecdotes secrètes** pour servir à l'histoire galante de la Cour de Pékin. 1 vol. relié veau. *A Pékin* MDCCXLVI.

295. ANGOLA. — **Histoire indienne.** 1 vol. relié veau.

295 *bis. A Agra.* MDCCXLIX. 1 vol. cart. *A Agra*, 1771.

296. **Novelle Galanti Dell'Abb. Casti,** orné de 2 jolies gravures et culs-de-lampe. 1 vol. cartonné.

297. MERCIER. — **Les Matinées du Printemps,** œuvres diverses. 2 vol. brochés. *A Paris*, 1797.

298. FRÈRE JEAN. — **Du Neuf et du Vieux.** Contes et mélanges (avec frontispice à l'eau-forte). 1 vol. broché. *Bruxelles*, 1873.

299. R. BAN. — **Les Tribulations d'un Bon-Homme,** ou l'époux parisien. 4 vol. cart. *Paris*, 1831.

300. **Les Trois Écueils des femmes,** roman traduit de l'anglais. 4 vol. cart. *Paris*, 1825.

300 *bis.* — D° 1 ouvrage broché. *Paris*, 1825.

301. M. LE BARON ALEX. DE THÉIS. — **Mémoires d'un Français.** 3 vol. brochés. *Paris*, 1825.

302. Auteur des Lettres juives et des Lettres cabalistiques. — **Lettres chinoises** ou Correspondance philosophique, historique et critique entre un Chinois voyageur à Paris, etc., etc., en 6 vol. cartonné. *A La Haye*, MDCCLVI.

303. M. LE BARON DE B***. — **Amours et aventures du vicomte de Barras.** 3 vol. brochés. *Paris*, 1816.

304. M. LEGAY. — **Agathe** ou la Destinée. 4 vol cartonnés. *Paris*, 1823.

305. PIQUANT-LENOIR. — **Madame Botte**. Avec figures. 2 vol. brochés. *A Paris*, 1803.

306. **Mémoires de Mᵐᵉ la marquise de Fresne**. 1 vol. broché. *A Amsterdam*, MDCCLVII.

307. M. W. MAIGNE. — **Le véritable trésor des ménages**. 1 vol. broché. *Paris*, 1868.

308. — **Les passe-temps du boudoir** ou Recueil nouveau de contes en vers. 1 vol. broché. *A Galipoly*, MDCCLXXXVII.

309. PAUL LACROIX. — **Les véritables Précieuses**. Comédie. 1 vol. broché. *A Genève*, 1868.

310. JACOB. — **Zelinde** (comédie) ou la véritable critique de l'Escole des femmes, etc., etc. 1 vol. broché. *Genève*, 1868.

311. M. ROMAIN DE HOOGE. — **Contes et nouvelles** en vers de La Fontaine, avec gravures mi-pages. 1 vol. relié veau. *A Amsterdam*, 1709.

312. M. DE LA FONTAINE. — **Contes et nouvelles** en vers enrichis de figures. 3 vol. reliés veau. *A Amsterdam*, 1766.

313. L. CALAMIDORO PENEIO. — **L'amour et les français**, histoire héroïque et galante des amazones. 1 vol. cartonné.

314. — **Lycoris** ou la Courtisane grecque. 1 vol. relié veau. *A Amsterdam*, MDCCXLVI.

315. **L'heureuse Victime** ou le triomphe du plaisir, roman traduit du grec. 1 vol. relié veau. *A La Haye*, MDCCLXI.

316. **Le moine sécularisé**. 1 vol. relié veau. *A Cologne*, 1676.

317. AIHCRAPPIHH. — **Histoire grecque**. MDCCXLVIII. 1 vol. relié veau. *A Massiac*.

318. — **Alcymadure** ou le premier Musicien, roman pastoral. 1 vol. demi-reliure. *Paris*, 1802.

319. **Les œuvres de M. François Rabelais**, docteur en médecine. 2 vol. reliés veau. *A Bruxelles*, 1721.

320. Mᵐᵉ LA PRINCESSE DE LAMBALLE. — **Bréviaire des jolies femmes** ou nouvelles et poésies galantes. 1 vol. broché. *A Paris*, 1703.

321. **Questions diverses et respouces d'icelles**, divisées en trois livres, à sçavoir :
Questions d'amour.
Questions naturelles.
Questions morales et politiques.
Traduites de Tuscan en françois. 1 vol. cartonné parchemin. *A Rouen*, MDCXVII.

322. DE RAUCOURT. — **L'heureuse infidélité**. 1 vol. relié veau. *A Neuchâtel*, MDCCLXXXII.

323. MANVILLON. — **Antipamela** ou Mémoires de M. D***, traduit de l'anglais. 1 vol. relié veau. *A Londres*, MDCCXLII.

324. **Lucette** ou les progrès du libertinage. 1 vol. relié veau. *A Londres*, MDCCLXV.

325. **De l'homme et de la femme** considérés physiquement dans l'état du mariage, avec figures en taille-douce. 3 vol. reliés veau. *A Lille*, MDCCLXXII.

326. DE GRÉCOURT. — **Poésies diverses**, 1ʳᵉ partie reliée veau, 2ᵉ partie brochée, en 2 vol. *A Lausanne et à Genève*, 1750.

327. **Les confessions du comte de ***, histoire galante. 1 vol. relié veau. *A Lyon*, 1773.

328. **Le Nouvelliste aérien** ou le Sylphe amoureux. 1 vol. relié veau. *A Amsterdam*, 1734.

329. **Voyages et aventures du comte de *** et de son fils**. 2 vol. reliés veau. *Amsterdam*, MDCCXLVIII.

330. M. C. MERCIER. — **Bréviaire des jolies femmes**. 1 vol. broché avec figures. *A Paris*, an VII.

331. M. ARNOULT. — **Aspasie**, traduit de l'anglais. 1 vol. demi-reliure. *A Londres*, 1787.

332. M. LÉGIER. — **Amusements poétiques**. 1 vol. relié veau. *A Londres*, MDCCLXIX.

333. **Journées mogoles**, opuscule décent d'un docteur chinois. 1 vol. relié veau. *A Paris*, 1773.

334. M. DABAUD. — **La nuit anglaise** ou les aventures jadis un peu extraordinaires mais aujourd'hui toutes simples (roman comme il y en a trop). 1 vol. cartonné. *Paris*.

335. **Les Ecarts de la Jeunesse**, histoire morale. 1 vol. relié veau. *A Amsterdam*, 1768.

336. **On ne s'y attend pas**. 1 vol. relié veau. *Paris*. 1773.

337. M. RICHARD. — **Guide pittoresque du voyageur en Belgique** accompagné d'une belle carte routière de la Belgique et de la Hollande gravée sur acier, par A. H. Dufour, 2 gravures, 1° vue de Spa, 2° la source du Pouhon. 1 vol. relié. *Paris*, 1852.

338. **Manuel de poche**, par les amis de la Gaît. 1 vol. broché. *A Landau*, 1809.

339. **Mon Serre-tête** ou les après-soupers d'un petit commis. Brochure comme il y en a tant. 1 vol. cart. *A Frivolipolis*.

340. **L'Isle de France**, ou la nouvelle colonie de Veims, précédée d'une épître à M***, servant de préface, avec une gravure. 1 vol. cart. *A Cologne*, 1758.

341. M. BARATOU. — **Poésies diverses**, contenant des contes choisis, etc., etc. 1 vol. broché. *Paris*, 1705.

342. M. CH. DE COMMEQUIERS. — **Chroniques bretonnes**. 1 vol. cartonné. *Paris*, 1833.

343. M. FÉLIX DAVIN. — **Une séduction**, roman intime. 1 vol. cartonné. *Paris*. 1833.

344. M. LE C. D'I***. — **Iconographie des estampes à sujets galants** et des portraits des femmes célèbres par leur beauté, etc., etc. 1 vol. broché. *Paris*, 1868.

345. AUGUSTE RICARD. — **L'Article 386**, ou le vol et l'amour. 1 vol. broché. *Paris*, 1837.

346. M. CHARLES NODIER. — **Catalogue de la bibliothèque**. 1 vol. broché. *Paris*, 1844.

347. L. POTIER. — **Catalogue** des livres rares et curieux, manuscrits et imprimés. 1 vol. broché. *Paris*, 1872.

348. LE BARON SYLVESTRE DE SACY. — **Bibliothèque**.
Tome Iᵉʳ. Imprimés. Philosophie, Théologie, Sciences naturelles. 1 vol. broché. *Paris*, MDCCCXLII.
Tome II. Sciences médicales et Arts utiles. Psychologie, Sciences morales, Linguistique, Littérature et Beaux-Arts, Histoire littéraire. 1 vol. broché. *Paris*, MDCCXLVI.
Tome III. Imprimés. Sciences sociales, Sciences historiques, Polygraphie. 1 vol. broché. *Paris*, MDCCCXLVII.

349. CÉSAR BERTET. — **Amusements d'un prisonnier**. 1 vol. relié veau. *Paris*, 1701.

349 *bis*. INGREVILLE — **Amusements d'un prisonnier**. 1 vol. relié veau. *Paris*, 1701.

350. **Mémoires du comte de Maurepas**. Onze caricatures du temps, gravées en taille-douce. 3 vol. cart. parchemin. *Paris*, 1792.

351. Ant. Bern. Caillard. — **Catalogue** des livres rares et précieux de la bibliothèque. 1 vol. cart. *Paris*, 1810.

352. L. Perrin. — **Code des Constructions et de la Contiguïté**, ou législation complète des bâtiments et constructions. 1 vol. demi-reliure. *Paris*, 1845.

353. Vivant-Denon. — **Description des objets d'art**. Monuments antiques, historiques, modernes. 1 vol, cartonné. *Paris*, 1826.

354. Vivant-Denon. — **Description des objets d'art**. Tableaux, dessins et miniatures. 1 vol. broché. *Paris*, 1826.

355. Vivant-Denon. — **Description des objets d'art**, estampes et ouvrages à figures. 1 vol. broché. *Paris*, 1826.

356. J. Haillet de Couronne. **Catalogue** des livres de la bibliothèque. 1 vol. cart. *Paris*, 1811.

357. F.T. Claudon. — **Le Baron d'Holbach**. 2 vol. brochés. *Paris*, 1835.

358. **Banise et Balacine**, ou la constance récompensée. Histoire indienne. 1 vol. relié marocain plein. *A Londres*, 1771.

359. **Ma Rosalie**, ou le Mariage des prêtres. Vol. broché. *A Paris, Moreau*, libraire, Palais-Royal, galerie d'Orléans 1847. 23 vol. brochés complets.

360. Antonin Careme. — **Le Pâtissier royal parisien**. Traité élémentaire de la pâtisserie ancienne et moderne, orné de 41 planches comprenant 182 sujets gravés au trait par M. Normand, Hibou et Thierry. 2 vol. cart. *Paris*, 1828.

361. Imbert. — **Historiettes ou nouvelles** en vers. 1 vol. broché. *Paris*, 1774. 3 vol., 3 ouvrages complets.

362. Colin de Plancy. — **Dictionnaire feodal**. 2 vol. brochés. *Paris*, 1820.

363. Alfred de Corval. — **Contes** en vers du révérend Père Grisbourdou, cordelier. 1 vol. broché. *Paris*, 1868.

364. Ussieux. — **Contes comiques**, traduits de l'allemand. 1 vol. broché avec figures. *Paris*, 1771.

365. Michel de Montaigne. — **(Essais de)**, avec portrait de l'auteur, en 3 vol. cartonnés. *Paris*. MDCCXCII.

366. **Merlini Cocalii**, poëte Mantuani. Venetiis, apud Joannem Variscum et socios. MDLXI.

367. **Parnasse** des plus excellents poètes de ce temps. 1 vol. demi-reliure. *Paris*, 1607.

368. Vilmorin. — **Le Bon Jardinier**, almanach horticole, 2 vol. Demi-reliure. *Paris*, 1877. Il y a 23 éditions des gravures du Bon Jardinier, plantes et arbres d'ornement.

369. Le P. Brunoy. — **Théâtre des Grecs**, nouvelle édition, enrichie de très belles gravures, 13 volumes reliés avec filets, veau, dorés sur tranche.

370. **Catalogue** de livres rares et curieux, nᵒ 1, 2ᵉ année, juin 1858. 1 vol. broché. *Paris*, 1858.

370 *bis*. **Bulletin mensuel**. — Livres rares et curieux, nᵒ 1, 3ᵉ année, juin 1859. 1 vol. broché, *Paris*, 1859.

370 *ter*. **Bulletin mensuel**. — Livres rares et curieux, nᵒ 7, 3ᵉ année, décembre 1859. 1 vol. broché.

371. **Bulletin mensuel**. — Livres rares et curieux. nᵒ 1, 5ᵉ année, juin 1861. 1 vol. broché.

— **Bulletin mensuel**. — Livres rares et curieux, nᵒ 2, 5ᵉ année, juillet 1861. 1 vol. broché.

— **Bulletin mensuel**. — Livres rares et curieux, nᵒ 3, 5ᵉ année, août 1861. 1 vol. broché.

— **Bulletin mensuel**. — Livres rares et curieux, nᵒ 4, 5ᵉ année, septembre 1861. 1 vol. broché.

— **Bulletin mensuel**. — Livres rares et curieux, nᵒ 5, 5ᵉ année, octobre 1861. 1 vol. broché.

— **Bulletin mensuel**. — Livres rares et curieux, nᵒ 6, 5ᵉ année, novembre 1861. 1 vol. broché.

— **Bulletin mensuel**. — Livres rares et curieux, nᵒˢ 7 et 8, 9ᵉ année, décembre et janvier 1866. 1 vol. broché.

— **Bulletin mensuel**. — Livres rares et curieux, nᵒˢ 7 et 8, 9ᵉ année, décembre et janvier 1866. 1 vol. broché.

372. De Grécourt. — **Œuvres diverses**, augmentées du Philotanus, de la bibliothèque des Damnés, avec figures, ouvrage complet en 2 vol. broch. *Amsterdam*, 1772.

373. Cuisin. — **Les Bains de Paris** et des principales villes des quatre parties du monde ou le Neptune des Dames, orné de jolies gravures, ouvrage en 2 volumes brochés. *Paris*. 1822.

374. P. C***. — **L'Enfant du Hasard**, trouvé dans une corbeille et devenu grand seigneur de Perse, ou le Prix de l'étude et du talent. ouvrage complet en 3 volumes brochés. *Paris*. 1825.

375. Miched-Raymond. — **Le Maçon**, ouvrage complet en 2 volumes brochés. *Paris*, 1840.

376. Elise de Montholon. — **Les Aveux de Clara**, ou Faiblesse et Repentir, avec figures, ouvrage complet en 2 volumes brochés. *Paris*, 1820.

377. Ct.-Hypp. Perrin. — **La Baronne de Merville**, ou les Erreurs de l'Amour, avec figures, ouvrage complet en 4 volumes brochés *Paris*, 1813.

378. Pierre le Loyer. — **La Néphélococugie**, ou la Nuée des Cocuz (comédie), ouvrage complet en 1 volume broché. *Turin*, 1869.

379. Antoine Caillot. — **Histoire d'un Pensionnat de Jeunes Demoiselles**, ou Tableau des résultats d'une fausse éducation. avec figures, ouvrage complet en 2 volumes brochés. *Paris*, 1809.

380. Ernest Feydeau. — **Fanny**, étude revue et corrigée, ouvrage complet, 1 vol. broché. *Paris*. 1864.

381. **Euphémie**, ou les Suites du Siège de Lyon, ouvrage complet en 4 volumes brochés avec figure. *Paris*, an X.

382. **Vie privée du maréchal de Richelieu**, contenant ses amours et ses intrigues, ouvrage complet en 3 volumes cartonnés. *Paris*, 1791.

383. **Les Métamorphoses**, ou l'Ane d'or d'Apulée, philosophe platonicien, ouvrage complet, 2 vol. brochés. *Paris*, an V.

384. Malassis. — **Molière jugé par ses Contemporains**, ouvrage complet, 1 vol. broché, *Paris*, 1877.

385. C.-H. Nirel. — **Le nouveau Gil-Blas**, ou Mémoires d'un Homme qui a

passé par les épreuves les plus dures de la vertu, traduit de l'allemand, ouvrage complet en 1 volume broché. *Francfort,* 1778.

386. DE GRÉCOURT. — **Œuvres diverses,** augmentées du Philotanus de la bibliothèque des Damnés, etc., etc., ouvrage complet en 4 volumes reliés veau avec figure. *Amsterdam,* 1775.

387. **Le Repentir,** ou suite des Lettres originales, contenant les aventures de César de Perlencourt, intitulées le Crime, par l'auteur de l'Aventurier François, ouvrage complet en 4 volumes cartonnés. *Paris,* 1789.

388. VICTOR DE LINEUIL. — **Jeunesse et Folie,** ou Mémoires et Voyages, ouvrage complet, 2 volumes avec figures, cartonnés. *Paris,* 1823.

389. **Les Confessions d'un Anglois,** ou Mémoires de sir Charles Simpson, rédigés par l'auteur de la Quinzaine angloise, ouvrage complet en 2 volumes cartonnés, avec figures. *Lausanne,* 1786.

390. J.-B.-J...., auteur du Voyage dans les Hautes-Pyrénées. — **Eugène de Montferrier,** ou les Mœurs du XIXᵉ siècle, ouvrage complet en 3 volumes brochés, *Paris,* 1821.

391. **Alexandre et Séraphine,** Histoire qui n'est pas incroyable, ouvrage complet en 2 volumes cartonnés, avec figures. *Paris,* 1802.

392. R.-J. DURDENT. — **Mémoires de Saint-Félix** ou aventures d'un jeune homme pendant la Révolution. Ouvrage complet en 3 volumes, broché. *Paris,* 1818.

393. **Aventures de Don Antonio de Buffalis.** Histoire italienne. Ouvrage complet en 1 vol. relié veau. *Paris,* 1724.

394. **Théâtre pour rire.** Répertoire des paroles les plus ingénieuses, des comédies les plus bouffonnes, etc., etc. Ouvrage complet en 1 vol. Broché. *Paris.*

395. **Œuvres poissardes de Vadé et de l'Écluse.** Un ouvrage complet en 1 vol. Broché. *Paris,* 1802.

396. PÉTRUS BOREL. — **Champavert.** Contes immoraux. Ouvrage complet en 1 vol., broché, avec gravure. *Paris,* 1833.

397. **Nine,** par M. D. B. Ouvrage complet en 1 vol. relié veau. *Amsterdam,* 1756.

398. **Le nouveau roman comique** ou voyage et aventures d'un souffleur, etc., etc. Ouvrage complet en 1 vol., cartonné, avec figures. *Paris,* an VIII.

399. M. LE CHEVALIER DE LA B. — **Les Confessions d'un fat.** Ouvrage complet en 1 vol. Relié veau. 1749.

400. **La Chandelle d'Arras.** Poème en dix-huit chants. Ouvrage complet en 1 vol. Broché avec frontispice. *Paris,* 1807.

401. JEAN-PIERRE. — **La Fille Bleue** ou la novice, l'Archevêque et l'Officier municipal. Ouvrage complet en 4 vol. broché. *Paris,* 1832.

402. Par un Rôdeur. — **Les Duels, Suicides et Amours du Bois de Boulogne.** Recueil historique. Ouvrage complet en 4 vol. cartonné, frontispice. *Paris,* 1821.

403. M. THIESSÉ. — **Voyage de Jacques Le Saige,** de Douai à Rome, Notre-Dame de Lorrette, Venise, etc. Un ouvrage complet en 1 vol. broché. *Douai,* 1851.

404. **Les Miracles,** conte dévôt, troisième édition augmentée d'une lettre à M. l'abbé Geoffroi. Un ouvrage complet en 1 vol. broché. *Paris,* 1802.

405. **Vita di Pietro Aretino scritta da Francesco Berni.** Un ouvrage complet en 1 vol. broché, *Milano,* 1864.

406. **Zélis au bain.** Poème en quatre chants. Un ouvrage complet, broché. *A La Haye,* 1764.

407. DE GRÉCOURT. — **Œuvres diverses,** augmentées du Philotanus de la Bibliothèque des Damnés, etc.

407 *bis.* Dº. Un ouvrage complet, relié veau, avec figures. *A Amsterdam,* 1765, et un ouvrage de 1780.

408. Dº. Deux ouvrages complets en 2 vol. relié veau avec figures. *Amsterdam,* 1762.

409. M. TISSOT. — **L'Onanisme** ou dissertation physique sur les maladies produites par la masturbation, traduit du latin. Un ouvrage complet en 1 vol. Relié veau. *A Lausanne,* 1760.

410. LITTLEJOHN. — **La Méprise** ou quelque chose qui passe la plaisanterie. Un ouvrage complet en 3 vol. cartonné, avec figures. *Paris,* 1801.

411. **Recueil de Chansons, Ariettes, Romances.** Un ouvrage complet en 1 vol. maroquin. MCCCIV.

412. **Les Contes du sieur Douville.** Un ouvrage complet en 1 vol. relié veau. *Amsterdam* 1732.

413. **L'Enfantement de Jupiter,** ou la fille sans mère. Un ouvrage complet en 1 vol. cartonné. *Amsterdam,* 1763.

414. **Trapue, reine des Topinambous,** ou la maîtresse femme, conte pour servir de suite aux Contes du même auteur. 1 vol. relié veau. *Amsterdam,* 1771.

415. CYPRIEN LEFOURNIER. — **Le Cousin de Mahomet.** 2 vol. brochés ornés de figures. *A Constantinople,* 1781.

416. LOUVET DE COUVRAY. — **Les Aventures du Chevalier de Faublas.** Edition illustrée de 300 dessins par MM. Baron et C. Nanteuil. 2 vol. cartonnés. MLCCCXLII.

417. G. P. L., ancien pâtissier retiré. — **Le pâtissier à tout feu,** ou nouveaux principes économiques de pâtisserie à l'usage des dames, etc., etc., 1 vol. cart.

418. POURTALÈS. — **Mémoires de Madame la Comtesse du Barri.** 4 vol. cart. *Paris,* 1829.

419. **Nitophar.** Anecdote babylonienne pour servir à l'histoire des plaisirs. 1 vol. relié veau. *Amsterdam,* 1768.

420. **Les Aveux d'une femme galante,** ou lettres de Madame la marquise de *** à Milady Fanny Stapelton. 1 vol. cart. *Londres,* 1791.

421. DE LA SALLE. — **L'Anneau de Salomon,** 4 vol. cart. *Paris,* 1812.

422. MAURICEAU. — **Traicté des maladies des femmes grosses** et de celles qui sont accouchées. 1 vol. relié veau. MDCCXL.

423. **Les Césars de l'Empereur Julien,** traduit du grec avec des remarques et des preuves illustrées par des médailles et autres anciens monuments et frontispice. 1 vol. relié veau. *Paris,* 1683.

424. **Revue romantique et facétieuse,** paraissant le premier de chaque mois et donnant l'analyse sommaire de tous les romans qui contiennent des faits piquants et facétieux.

Cette publication mensuelle est destinée à servir de guide à l'amateur sur le choix à faire des livres qu'il veut acheter, et le préserver des ouvrages qui, tout en portant un titre piquant ne sont souvent que de plates rapsodies. 200 exemplaires brochés.

425. M. L'Abbé Guyot. — **Histoire de France** représentée par,

Figures gravées par David. accompagnées de discours.

Tome Ier, contenant 47 planches et frontispices.

Tome II. contenant 44 planches et frontispices.

Tome III, contenant 44 planches et frontispices.

Tome IV, contenant 44 planches et frontispices.

Ouvrage complet en 4 vol. broché. *Paris*, 1788.

426. Dorvigny. — **La Femme à Projets** ou l'Abus de l'esprit et des talents, ouvrage complet en 4 vol. cart. *Paris*, 1808.

427. Henri Estienne. — **La Foire de Francfort**, traduit en français, ouvrage complet en 1 vol. broché parchemin. *Paris*, 1875.

428. **Contes nouveaux** en vers. dédiez à Son Altesse Royale Monsieur. frère unique du Roy, ouvrage complet en 1 vol. relié veau. *Paris*, 1677.

420. **Voyage de Cadet-Roussel à Paris en 1824**, un ouvrage complet en 1 vol. broché. *Paris*, 1824.

430. Thomas Moore. — **L'Epicurien**, ouvrage complet en 1 vol. broché, *Paris*, 1827.

431. G.-H. Froyer. ancien militaire. — **La Mère Michel a perdu son Chat qu'elle affectionnait tant,**, 1 ouvrage complet broché. *Paris*, 1848.

432. **La Nouvelle Lune** ou l'Histoire de Péquilou. Un ouvrage complet en 2 vol. broché. *Paris*, an VII, avec figures.

433. Mme E** de M**. — **La Femme du Major** ou les mariages militaires, 1 vol. cart. *Paris*, 1828.

434. Mme DE Vilfranc. — **La Faiblesse d'une jolie femme** ou Mémoires de Mme de Vilfranc, écrits par elle-même, 1 vol. cart. *Amsterdam*, 1765.

435. Abbé Valentin Dufour. — **La Danse Macabre des S. S. Innocents de Paris** avec fresques, 1 vol. broché. *Paris*, 1874.

436. **La Cicceide Legitima** in gvesta seconda impressionne ordinatamente disposta notabilmente accrescinta, 1 vol. relié veau avec figures.

437. Paul Lacroix. — **L'Enfer burlesque.** Le mariage de Belphégor et les Epitaphes de M. de Molière, 1 vol. broché, *Genève*, 1868.

438. **Les Amours de Henry et Madeleine**, poëme en Onze Chants, 1 vol. broché avec figures. *Paris*, 1795.

439. **Les Contes** en vers et en prose de feu l'abbé de Colibri ou le Soupé, 1 vol. cart. *Paris*, an VI.

440. **La Comtesse de Chateaubriant** ou les effets de la jalousie, 1 vol. relié veau. *Paris*, MDCXCV.

441. Mercier de Compiègne. — **Les Trois Nouvelles**, 1 vol. broché avec figures. *Paris*, 1795.

442. **Le Trocheur de Maris.** Farce nouvelle, personnages, 1 vol. An IV.

443. Briel. — **Les Heures de loisir** ou Nouveaux Contes moraux, 2 vol. brochés, *Londres*, 1786.

444. **Le Cousin de Mahomet** avec frontispice et gravures, 1 vol. broché. *A Constantinople.*

445. F.-N. Taillepied. — **Traité de l'Apparition des Esprits,** un ouvrage complet en 1 vol. relié veau. *A Bruxelles*, 1609.

446. **Les Adriennes,** nouvelles recueillies et mises en vers par un officier au corps 1. du G., 1 vol. broché. *Paris*, 1805.

447. **Choix de Contes. Anecdotes et Epigrammes,** recueillis et mis en vers par un Ermite du Mont-Jura, 1 vol. broché. *Paris*, 1810.

448. **Odes Philippiques,** 1 exemplaire broché.

449. Mars et Raban. — **Les Cuisinières macédoines** en 2 vol. brochés. *Paris*, 1837.

450. **L'Hermite de la Roche-Noire** ou la Marquise de Lausanne et le Comte de Suzy, 1 vol. broché. *Paris*, 1820.

451. Pigault-Lebrun. — **Les Barons de Felsheim,** Histoire allemande qui n'est pas tirée de l'allemand. Un ouvrage complet en 4 vol. brochés avec figures. *Paris*, 1818.

452. Par Asinus Bardet. — **L'Enfant de la Courtille** ou le Chef de Cabales; un ouvrage complet en 1 vol. relié veau. avec figures. *Paris*, 1810.

453. De Saint-Ognon. — **Les dévotions de Mme de Bethzamooth** et Pieuses facéties. 1 vol. broché. *Turin*, 1871.

454. M. Auguste. — **Décence et Volupté** ou. les Tentations. Ouvrage en 3 vol. broché, avec figures. *Paris*, 1808.

455. A. Bérard. — **Les Amours de Meudon,** 1 vol. cart. *Paris*, 1837.

456. **Histoire de l'admirable Don Quichotte de la Manche,** — Ouvrage complet en 6 vol., broché, avec gravures. *Liège*, 1782.

457. **Mémoires pour servir à l'Histoire du marquis de Fresne,** 1 vol. broché parchemin. *Paris*, 1702.

458. **Le Prince de Condé.** Sa conduite militaire et ses amours, intrigues secrètes, faits historiques et politiques du temps, 1 vol. cart. avec figures. *Paris.*

459. **Les agréables divertissements tirés de Boccace,** Douville et autres auteurs, 1 vol. br.. *Paris*, 1869.

460. **La Farce de deux amoureux Récréatis et Ragenx,** 1 vol.

461. D'Estalleville. — **La Diligence** ou les amours de trente-six heures, poëme badin en 4 chants suivie du « Changement de garnison ». poëme inédit en 3 chants, 1 vol. demi-reliure. *Paris*, 1815.

462. Massillan. — **Les Amours de Rose d'Amblainville.** ci-devant religieuse de l'ordre de Citeaux ou l'Heureuse Captivité, 1 vol. br. avec gravures. *Paris*, 1797.

463. Blanchemain. — **La Pancharis de Bonnefons** avec les imitations françaises de Gilles Durant, etc. 1 vol. br. *Paris*, 1878.

464. Mme Adèle de M**. — **Les jolies Parisiennes,** 2 vol. cart. avec gravures. *Paris*, 1822.

465. **Les Amours du grand Alcandre,** par Mlle de Guise, suivi de pièces intéressantes pour servir à l'histoire de Henry IV, 2 vol. br. *Paris*, 1786.

466. **Sur les Obscénités.** Remarques par Pierre Bayle, 1 vol. br. *Bruxelles*, 1879.

467. **Les trois Voluptés,** MDCCXLVI, 1 vol. relié veau.

468. PARNY. — **Œuvres diverses,** 1 vol. relié veau avec figures. *Paris*, 1802.

469. **Les Agréments et les Chagrins du Mariage,** nouvelle galante dédiée aux dames, 1 vol. relié veau. *Paris*, MDCXCII.

470. M. DE SAINT S. — **Les Céramiques** ou les Aventures de Nicias et d'Antiope, 2 vol. reliés veau. *Sondres*, 1760.

471. **La Eromena del cavalier Gio Franc Biondi,** 1 vol. cart. *In Roma*, 1647.

472. ÉRASME DE ROTTERDAM. — **La Civilité puérile,** traduction nouvelle, texte latin en regard, précédée d'une notice sur les livres de civilité depuis le XVIe siècle, par Alcide Bonneau, 1 vol. br. *Paris*, 1877.

473. LISEUX. — **La Conférence entre Luther et le Diable** au sujet de la messe, frontispice à l'eau-forte par J. Amyot, 1 vol. br. *Paris*, 1875.

474. LACROIX. — **La Critique de Tartuffe,** comédie en vers, 1 vol. br. *Genève*, 1868.

475. Marquis du BOUTET. — **La Mouche** ou les Aventures et Espiègleries facétieuses de Bigaud, 2 vol. reliés veau avec frontiscipe. *Paris*.

476. JEANNE IRIS DES ATOURS. — **La Femme de chambre** ou le Chansonnier des Toilettes, 1 vol. br.

477. **La Jeunesse de Rosette,** 2 vol. br. *Paris*.

478. DE BELLONE. — **Chansons folastres** et prologues tant superlifiques que drolatiques des comédiens français, 1 vol. br. avec fresques. *Rouen*, 1612.

479. **Dictionnaire des Postes** publié par la Direction générale des Postes, 1 vol. cart. *Noyon*.

480. Par un valet de chambre congédié. — **Biographie des Dames de la Cour et du Faubourg Saint-Germain,** 1 vol. br. *Paris*, 1826.

481. **Quintus Horatius Flaccus,** 10 vol. br. avec figures. *Londini*, 1824.

482. Un vieil amateur. — **Ses Goguettes du bon vieux temps** ou recueil choisi de chansons joyeuses, de vaudevilles, cantiques, rondes et pots-pourris, gaillards, etc. 1 exemplaire broché avec figures. *Paphos*, 1810.

483. **La Belle Alsacienne** ou telle Mère telle fille, ouvrage complet en 2 vol. br. avec figures. *Paris*, 1801.

484. **Cléon rhéteur cyrénéen** ou Apologue d'une partie de l'histoire naturelle, traduit de l'Italien, 1 exemplaire broché. *Amsterdam*, 1770.

485. L'ABBÉ PRÉVOST. — **Histoire de Manon Lescaut et du Chevalier des Grieux,** 1 exemplaire broché. *Paris*.

486. **Histoire de la Galanterie chez les différents peuples,** ouvrage complet en 2 vol. br. avec figures. *Paris*, 1793.

487. LA FONTAINE. — **Les Amours de Psyché et de Cupidon** suivies d'Adonis poème, ouvrage complet broché. *Paris*, 1863.

488. ISIDORE LISEUX. — **Le Passavant de Théodore de Bèze.** Epitre de maître Benoit, Passavant à Messire Pierre Lizet, traduite du latin par Isidore Liseux, 1 vol. br. *Paris*, 1875.

489. DE GRÉCOURT. — **Œuvres complètes,** nouvelle édition soigneusement corrigée,

490. deux ouvrages complets de 8 vol. chacun, brochés avec figures. *Luxembourg*, 1802.

491. C.-J. ROÏGEMAITRE (de Dieuze). — **Alexandre** ou le soi-disant Grand Homme, manuscrit trouvé au mont Saint-Jean, ouvrage 3 vol. cart. *Paris*, 1816.

492. **La Pucelle,** poème en 21 chants, avec les notes et les variantes. Edition conforme à l'originale, publiée en 1784, un ouvrage complet en 2 vol. br. *Imprimerie de la Société littéraire typographique*, 1789.

493. URBINO DA MANTOVA. — **Souvenirs de la Lombardie,** la Ville aux Trois carnavals, roman de mœurs, précédé de l'histoire de l'Emigration de l'auteur, etc., 2 vol. brochés. *Paris*, 1842.

494. **Contes de Boccace,** 1 vol. relié veau avec figures. *Londres*, 1783.

495. **Mémoires du comte Alexandre de Tilly,** pour servir à l'histoire des mœurs de la fin du XVIIIe siècle, 3 vol. cart. *Paris*, 1828.

496. UN PROFESSEUR. — **Physiologie du goût** ou Méditations de Gastronomie transcendante, ouvrage théorique, historique, etc., dédié aux gastronomes parisiens, 2 vol. brochés. *Paris*, 1834.

497. LA FONTAINE. — **Contes et nouvelles** en vers, 1 vol. broché. *Paris*, 1665.

498. **L'art de Péter,** contenant pets de province, de ménage, de pucelle, de maîtres d'armes, de demoiselles, de jeunes filles, de femmes mariées, etc., 1 vol. broché. En *Westphalie*, 1832.

499. KRISOSTAUPHE, CLÉDEÇOL. — **Dictionnaire burlesque.** 1 vol. broché, avec figures. *Paris*, Mme Goulet, libraire, Palais-Royal, galerie d'Orléans.

500. DEBAY. — **La Vénus féconde et Gallipédique,** théorie nouvelle de la fécondité mâle et femelle selon la volonté des procréateurs. Galliplastie, orthopédie ou art de redresser les difformités chez les enfants, 1 vol. broché. *Paris*, 1873.

501. CÉNAC-MONCAUT. — **Histoire de l'Amour dans l'antiquité** chez les Hébreux, les Orientaux, les Grecs et les Romains, 1 vol. broché complet. *Paris*, 1862.

502. J.-A. JACQUELIN. — **La Lyre maçonnique,** étrennes aux francs-maçons et à leurs sœurs, pour l'année 5810 (1810), 1 vol. cart. avec figures. *Paris*, 5810.

503. **M. Cothurne ami de M. Botte** ou la Débutomanie, histoire véritable, théâtrale et tragique, 1 vol. cart. avec frontispice. *Paris*, 1803.

504. MARC DE MONTIFAUD. — **Les Courtisanes de l'antiquité,** Marie Magdeleine, 1 vol. broché. *Paris*, 1870.

505. POTIER. — **Potériana** ou recueil de cancans de ville et de coulisses, de calembourgs, bons mots, etc., 1 vol. broché. *Paris*.

506. A.-J. FOUCHY. — **Les Enfants de la nuit** ou les Aventures d'un Parisien, ouvrage complet en 3 vol. brochés. *Paris*, 1823.

507. MARS ET RABAN. — **Blaise Leveillé** ou le Magister amoureux, ouvrage complet en 3 vol. broché, avec figures. *Paris*, 1823.

508. WIELAND. — **Petite chronique du royaume de Tatoïaba,** traduite de l'allemand, ouvrage en 2 vol. brochés, avec figures, *Paris*, an VI (1798).

509. Auguste Martin. — **Contes facétieux** ou le Farceur moderne, 1 vol. broché avec figure. *Paris*, 1842.

510. **L'Enfer sur terre**, traduit de l'allemand, 4 vol. brochés, ornés de figures. *Paris*, 1803.

511. Rey-Dusseuil. — **Estrella**, 1 vol. broché, *Paris*, MDCCCXLIII.

512. Mathieu. — **Études cliniques sur les maladies des femmes**, 1 vol. broché. *Paris*, 1848.

513. Frère Jean. — **Du neuf et du vieux**, contes et mélanges, étrennes aux délicats avec frontispice à l'eau-forte, 3 vol. brochés. *Bruxelles*, 1873.

514. Lucas. — **Documents relatifs à l'histoire du Cid**, 8 vol. brochés. *Paris*, 1860.

515. Anatole de Montaiglon. — **Le Triomphe de haulte et puissante dame Verolle** et le pourpoint fermant à boutons et le fac-simile des bois du Triomphe, par Adam Pilinski, 1 vol. broché, *Paris* 1874.

516. **Vie et aventures de Pierre Pinson** dit le chevalier Bero, cordelier manqué, 2 vol. reliure veau. *Francfort*, 1773.

517. M. de Sartines. — **Journal des Inspecteurs** de M. ***. Documents inédits sur le règne de Louis XV, 1 vol. broché. *Paris*, 1863.

518. **Mémoires de Mme la Marquise de Fresne**, 1 vol. relié veau. *Amsterdam*, 1757.

519. **Le nouveau Gulliver** ou le voyage de Jean Gulliver fils du Capitaine, traduit d'un manuscrit anglais, 1 vol. relié veau. *Paris*, 1730.

520. Anagramme Dauneur. — **Facétiana**, précédé de l'origine de Mlle d'Alambic, épouse d'Esprit Facélie, 1 vol. broché. *Paris*, 1816.

521. Nougaret. — **Nouveaux contes** en vers, 1 vol. broché. *Orléans*, 1814.

522. Louis Pouet. — **Jules et Ameline** ou l'Orpheline de Venise, un ouvrage en 2 vol. cart. avec figures. *Paris*, 1805.

523. Louis Bertrand. — **Gaspard de la Nuit**. Fantaisies à la manière de Rembrandt et de Callot. 1 vol. broché. *Paris*, 1869.

524. Mérard Saint Just. — **Fables** mises en vers. 1 vol. cartonné. *Paris*, 1787.

525. Auguste Ricard. — **L'article 386**, ou le vol et l'amour. 1 vol. cart. *Paris*, 1837.

526. J.-J. Virey. — **De la femme** sous ses rapports physiologique, moral et littéraire. 1 vol. cart. *Paris*, 1825.

527. E.-M. Masse. — **Histoire du Pape Alexandre VI et de César Borgia**. 1 vol. cart. avec portrait. *Paris*, 1830.

528. François Rabelais. — **Les songes drolatiques de Pantagruel**, orné de 120 planches. Onze ouvrages complets en 1 vol. 1 vol. broché. *Genève*, 1868.

529. Rigoley de Judigny. — **Œuvres complètes d'Alexis Piron** ouvrage complet en 7 volumes demi-reliure avec tête dorée et portrait de Piron. — *A Neuchâtel*, 1777.

530. Emmanuel Vasse. — **Le Légat de la vache à Colas de Sedege**. Complainte huguenote du XVIe siècle. 5 ouvrages complets en 1 vol. chacun, broché papier Whatman. *Paris*, 1868.

531. J. Frédéric Bernard. — **Le Péché originel** traduit librement du latin d'Adrien Beverland. — 12 ouvrages complets en 1 vol. broché. *Paris*, 1868.

532. Par le Bibliophile Jacob. — **Le tableau des piperies des femmes mondaines** où par plusieurs histoires se voient les ruses et artifices dont elles se servent (1632). Texte original avec une notice. 8 ouvrages complets brochés en 1 vol. chacun, papier Hollande. *Paris*, 1879.

532 *bis*. — Do brochés. 2 ouvrages complets en 1 vol. chacun, papier Whatman *Paris*, 1879.

533. Pigault-Lebrun. — **L'Enfant du carnaval**, histoire remarquable, et surtout véritable. Un ouvrage complet en 2 volumes broché avec figures. *Paris*, 1802.

534. Alfred Franklin. — **Estat, noms et nombre de toutes les rues de Paris** en 1636. Un exemplaire broché. *Paris*, 1873.

534 *bis*. Do **Les rues et les cris de Paris** au XIIIe siècle. 2 exemplaires complets en 1 vol. chacun, broché. *Paris*, 1874.

535. Achille Chereau. — **Les ordonnances faites et publiées à son de trompe** par les carrefours de ceste ville de Paris pour éviter le danger de peste. 1531. Un exemplaire br. avec fig. *Paris*, 1873.

536. J. C. Rou***. — **L'Enfant de famille**. Un ouvrage complet en 1 vol. cartonné avec frontispice. *Paris*, 1801.

537. Étienne Dolet. — **Le second enfer** suivi de la traduction des deux dialogues platoniciens. L'Axiochus et L'Hipparchus. Un exemplaire broché. — *Paris*, 1868.

538. Émile Mabille. — **Le Parangon des nouvelles honnestes et délectables**. 1 exemplaire broché. *Paris*, 1865.

539. **Le Caleçon des coquettes du jour**. Un exemplaire broché. *A La Haye*, 1763.

540. **Mémoires, secrets et aventures galantes de Mahomet** tirés d'un manuscrit trouvé dans la bibliothèque du Chérif de la Mecque. Un ouvrage en 2 vol. broché. *A Paris*, 1784.

541. — **Magasin énigmatique**, contenant un grand nombre d'énigmes ingénieuses. Un volume relié veau. *Paris*, 1767.

542. **Tiamy**, ou la cachette de mon oncle; histoire de quatre enfants du mystère et de leurs parents. 1 ouvrage complet, cartonné en 1 vol. *Paris*, an XI.

543. **Les regrets de Joachim du Bellay, Angevin**. 1 exemplaire broché avec fresques. *Paris*, 1876.

544. De Grécourt. **Œuvres choisies** précédées de considérations historiques et critiques sur le genre de poésie auquel elles appartiennent 1 exemplaire broché orné de figures. *Paris*, 1835.

545. Parny. — **La Guerre des Dieux**. Poème en 6 chants. 1 vol. cart. an VII.

546. Lantier. — **Le nouvel Anténor** ou voyages et aventures de Thrasybule en Grèce, orné de 4 gravures et de notes historiques, critiques et littéraires. 1 vol. demi-reliure. *Paris*, 1803.

547. Boulnois. — **Mémoires d'un hussard de Chartres**. 1 vol. br. *Paris*, 1838.

548. Raudol. — **Un pot sans couvercle et rien dedans** ou les mystères du souterrain de la rue de la Lune, histoire merveilleuse et véritable avec figures. 1 vol. broché. *Paris*, an VII.

549. De la Grange. — **Le Phaéton renversé**, poème héroï-comique. 1 vol. br. *Paris*, 1755.

550. **Les nuits de Berlin**, imitées de l'allemand de Schneider, suivies d'un tableau général du protestantisme en Europe et

dans les missions protestantes par l'éditeur des souvenirs de Mme la marquise de Créqui. 2 vol. br. *Paris*, 1841.

551. **Le Phénix conjugal.** Nouvelle du temps. 1 vol. relié veau. *Paris*, 1734.

552. ARSINIUS-BAUDET. — **L'Enfant de la Courtille**, ou le chef des cabales. 1 vol. cartonné. *Paris*, 1840.

553. ANTOINE LE MACON. — **Le Décaméron de Boccace.** 6 vol. br. *Paris*, 1879.

554. SABATIER DE CASTRES. — **Contes de Boccace.** Traduction nouvelle augmentée de divers contes et nouvelles en vers imitées de ce poète célèbre. 11 vol. br. *Paris*, 1801.

555. E. HABERT. — **Valet et Marquise**, comédie en un acte, 136 exemplaires complets brochés. *Paris*.

556. **Le Nouveau Momus français** ou recueil contenant tout ce qu'il y a de plus agréable et de plus amusant en fait d'anecdotes, aventures, bons mots, etc. 2 ouvrages complets en 1 vol. chacun relié veau. *Paris*, 9.

557. MERCIER DE COMPIÈGNE. — **Les Nuits d'Hiver**, variétés philosophiques et sentimentales, contes et nouvelles en prose et en vers. Un ouvrage complet 1 volume broché. *Paris*, IIIe année républicaine.

558. **La Sainte Philosophie d'amour**, de M. Léon Hébreu, traduite d'italien en français. Un ouvrage complet cart. *A Paris* 1598.

559. **Mémoires de mistress Robinson**, célèbre actrice de Londres. Contenant des détails curieux sur sa carrière dramatique et littéraire. Ses amours avec le prince de Galles, etc., etc. Écrits par elle-même. Traduit de l'anglais. 1 ouvrage complet broché avec un joli portrait. *Paris*, 1802.

560. THE ERMITE DU MONT-JURA. — **Choix de contes, Anecdotes et épigrammes**, mis en vers. 1 vol. broché. *Paris*, 1819.

561. LE BOULANGER DE CHALUSSAY. — **Élomire Hypocondre.** Comédie réimpression Paris 1670, et reproduction du frontispice, par Ch. Livet. 1 vol. broché parchemin. *Paris*. 1878.

562. ULRICH DE HUTTEN. — **Julius**, dialogue entre saint Pierre et le pape Jules II, à la porte du paradis (1513). Traduction nouvelle en regard du texte latin par Edmond Thion. 1 vol. broché. *Paris*, 1875.

563. JOACHIM DU BELLAY, angevin. — **Divers jeux rustiques** et autres œuvres poétiques. 1 vol. broché. *Paris*, 1875.

564. NICOLAS VENETTE. — **La génération de l'Homme**, ou tableau de l'amour conjugal considéré dans l'état de mariage. Un ouvrage complet en 2 vol. broché avec frontispice. *Londres*, 1702.

565. POGGE. — **Les Bains de Bade** au XVe siècle, scènes de mœurs de l'âge d'or, traduit en français par Antony Méray. 1 vol. broché. *Paris*, 1876.

566. Par le R. P. SINISTRARI D'AMENO — **De la démonialité et des animaux incubes** où l'on prouve qu'il existe sur terre des créatures raisonnables autres que l'homme, etc., etc. 1 vol. br. *Paris*, 1876.

567. TOUCHARD-LAFOSSE. — **Chroniques des Tuileries et du Luxembourg.** Physiologie des cours modernes. 1 vol. broché. *Paris*, 1841.

568. **Les Plaisirs d'un jour** ou la Journée d'une provinciale à Paris. 1 vol. broché. *Paris*, 1784.

569. DEVOISENON. — **Romans et contes.** 2 vol. brochés. *Londres*. 1775.

570. DÉSAUGIERS. — **Chansons et poésies diverses.** 4 vol. brochés. *Paris*, 1812, 1827, 1834.

571. ARMAND GOUFFÉ. — **Œuvres choisies de Panard.** 3 vol. brochés, an XI.

572. BÉRANGER. — **Chansons.** Années 1821, 1822, 1825. 3 volumes brochés.

573. ROUGEMEUTRE. — **Le Roman tragique**, ou les suites de la séduction. 2 vol. brochés avec figures. *Paris*, 1808.

574. LANTIER. — **Le nouveau Diable boiteux**, tableau philosophique et moral de Paris au commencement du xixe siècle. 4 vol. brochés avec figures. *Paris*, 1803.

575. ALBITTE LEFRANC ET LABICHE. — **L'Avocat pédicure.** Comédie-vaudeville en 1 acte et 19 autres pièces de théâtre, toutes du Palais-Royal. 1 vol. cart. *Paris*.

576. Par L'ABBÉ PRÉVOST. — **Histoire de Manon Lescaut et du chevalier des Grieux.** Édition illustrée par Tony Johannot, précédée d'une notice historique sur l'auteur par Jules Janin. 1 vol. cart. avec frontispice et un très grand nombre de figures. *Paris*.

577. DORVIGNY. — **La Femme à projets**, ou l'Abus de l'esprit et des talents. Un ouvrage en 2 vol. demi-reliure. *Paris*, 1808.

577 *bis*. — D° Un ouvrage en 4 vol. cart. *Paris*, 1808.

578. **Catéchisme des gens mariés.** 1 vol. demi-reliure.

579. **Bouis-Bouis, Bastringues et caboulots de Paris**, 1 exempl. broché. *Paris*, 1861.

580. M. DE V. — **Candide** ou l'Optimisme. Traduit de l'allemand de M. le docteur Ralph. 1 vol. broché, 1759.

581. **Cancionero de Obras de Burlas Provocantes à Risa**, cum privilegio en Madrid. Por Luis Sanchez. 1 vol. cart. *Bibliothèque de Alphonse Royer.*

582. Par l'auteur du Marchand forain. — **Le Vieux solitaire des Pyrénées.** Un ouvrage en 3 vol. broché. *Paris*. 1830.

583. **Faveurs et Disgrâces de l'Amour** ou les Amants heureux, trompés et malheureux, corrigée, mise en meilleur français et augmentée de deux volumes de nouvelles histoires galantes. avec des figures en taille-douce. Un ouvrage en 3 vol. reliés veau. *A La Haye*, 1726.

584. CH.-HIPP. PERRIN. — **La baronne de Marville**, ou les Erreurs de l'amour. Un ouvrage en 4 vol. cart. *Paris*, 1813.

585. Par M. M***. — **Pauline**, ou les Hasards des voyages. Un ouvrage en 4 vol. cart. *Paris*, 1821.

586. Mme ÉMÉLIE DE P***. — **Paris ou le Paradis des Femmes.** Un ouvrage en 3 vol. br. *Paris*, 1821.

587. Par J. DUSAULCHOY et P.-J. CHARRIN. — **Confessions d'un Homme de Cour**, contemporain de Louis XV, révélations historiques sur le xviiie siècle. Un ouvrage complet en 4 vol. brochés. *Paris*, 1830.

588. **Cataractes de l'Imagination**, déluge de la scribomanie, vomissement littéraire, hémorrhagie encyclopédique, monstre des monstres. Un ouvrage en 4 vol. cart. 1779.

589. **Voyages de Gulliver.** Un ouvrage en 2 livraisons, non broché.

590. M.-D. SAINT-HILAIRE. — **Cazilda**, histoire contemporaine. Trois ouvrages complets en 5 vol. chacun brochés. *Paris*, 1832.

591. FRANÇOIS RABELAIS. — **Œuvres complètes de Maitre François Rabelais**, avec un grand nombre de figures, broché.

592. LOUIS HUART. — **Quand on a 20 ans**, histoire de la rue Saint-Jacques, vignette de Boisselat, 1 vol. cart. *Paris*, 1834.

593. JULES LACROIX. — **Une Grossesse**, 1 vol. cart. *Paris*, 1833.

594. **Le Panier de Fruits**, ou descriptions botaniques et notices historiques des principaux fruits cultivés en France, orné de 24 planches coloriées destiné aux jeunes gens, 1 vol. *Paris*, 1807.

595. BROSSARD DE MONTANEY. — **L'Enrôlement de Tivan**, comédie Bresanne en un acte et en vers. 1 vol. broché avec figure. *Bourg*, 1870.

596. PAUL DE KOCK. — **Ni Jamais, ni Toujours**. Un ouvrage complet broché en 2 vol. *Paris*, 1843.

597. **Le Chansonnier joyeux du Palais-Royal**. 1 vol. broché. *Paris*, 1820.

598. DENRAUX. — **Chansons gaillardes et politiques**, 1 vol. broché. *Paris*, 1829.

599. GRANDVILLE. — **Œuvres complètes de Béranger**. édition illustrée, 120 grands sujets grav s sur bois. 30 belles vignettes en taille-douce. 1 vol. broché. *Paris*, 1839.

600. BRANTOME. — **Les Dames galantes**. 2 vol. brochés. *Paris*, 1834.

601. OETTINGER. — **Bibliographie biographique universelle** des ouvrages relatifs à l'histoire de la vie publique et privée des personnages célèbres de tous les temps et de toutes les nations, 2 vol. brochés. *Paris*, 1866.

602. BECLARD. — **Traité de Physiologie humaine**, comprenant les principales notions de la physiologie comparée. ouvrage accompagné de 243 figures intercalées dans le texte, 1 vol. cart. *Paris*, 1850.

603. BESCHERELLE. — **Grammaire nationale**, ou Grammaire de Voltaire, de Racine, etc., etc., renfermant plus de cent mille exemples, 1 vol. demi-reliure. *Paris*, 1841.

603 *bis*. D°, 1 vol. cart. *Paris*, 1854.

604. **Fables d'Esope**, en vaudeville, 1 vol. cart., avec frontispice. *Paris, librairie économique*, rue de la Harpe. n° 94.

605. Par le C17**. — **Contes et Epigrammes**, 1 vol. broché. *Paris*, an VIII.

606. VIVANT-DENON. — **Point de Lendemain** (Conte). réimpression sur le texte original de 1777 et orné de fleurons spéciaux. Notice par Malassis. 1 vol. broché. *Paris*, 1876.

607. **Le Sopna**. Conte moral. 1 vol. relié veau. *A Pékin*, 1773.

608. **Les Aventures de l'infortuné Florentin**, ou l'histoire de Marco-Marino Bruffalini, nouvelle édition, accompagnée de figures avec la Guinguette du Petit Gentilly, 1 vol. relié veau.

609. JEANNE FLORE. — **Comptes Amoureux**, réimpression textuelle de l'édition de Lyon, 1574, avec notice par Jacob, 1 vol. broché. *Turin*, 1870.

610. JULES BONNASSIES. — **Les Auteurs dramatiques et la Comédie-Française à Paris** aux XVII° et XVIII° siècles, 1 vol. broché. *Paris*, 1874.

611. LEGOUVÉ. — **Le Mérite des Femmes**, 1 vol. broché. *Paris*, 1870.

612. A.-G. CAILLY. — **Contes en vers. Chansons et Pièces fugitives**, 1 vol. broché. *Paris*, an IX.

613. **Confessions de Rabelais** publiées et mises en françois moderne, par l'auteur de l'Aventurier François, 1 vol. relié veau. *Paris*, 1797.

614. **Dubbj-Amorosi**, Altri-Dubbj, e sonetti lussuriosi, di Pietro Aretino dedicati al Clero, 1 vol. cart. *In Roma*, MDCCXCII.

615. ESTERNOD. — **L'Espadon satyrique**, réimpression faite sur l'édition de Lyon. 1626. collationnée et complétée sur les autres éditions du même ouvrage, 1 vol. cartonné. *Paris*, 1863.

616. **Fables allemandes et Contes français** en vers. avec un essai sur la Fable. 1 vol. demi-reliure. *Paris*, 1770.

617. Mme L. M. D. S. — **Etrennes voluptueuses** dédiées aux Grâces. 1 vol. cart. *A Londres*.

618. **Mémoires de Versorand**, 1 vol. cart. *Amsterdam*.

619. LA FONTAINE. — **Fables choisies** mises en vers. 1 vol. relié veau, avec frontispice. *A Anvers*, 1699.

620. AGRIPPA D'AUBIGNÉ. — **Les Aventures du baron Foëneste**, 2 vol. reliés veau. *Amsterdam*, 1731.

621. DE LIGNAC. — **De l'homme et de la femme** considérés physiquement dans l'Etat du mariage, 6 vol. brochés. *Lille*. 1778.

622. **Euphémie** ou les suites du Siège de Lyon. **Roman Historique** orné de gravures. 4 vol. br. *Paris*, an X.

623. LACROIX. — **La Guerre Comique**. ou la défense de l'Ecole des femmes, réimpression textuelle de l'édition originale Paris 1664. 1 vol. br. *Paris* 1868.

624. FESTEAU. — **Les Egrillardes**. Chansons nouvelles. Edition de luxe ornée de 12 vignettes sur acier dessinées par Wattier et 27 airs gravés. 1 vol. br. *Paris*. 1842.

625. **Contes dérobés**. 1 vol. br. *Paris*. an XI.

626. DE CUBIÈRES. — **Les Hochets de ma jeunesse**, 1 vol. cart. *Amsterdam*. 1780.

627. GAVET ET BOECHER. — **Jakarie-Ouassou** ou Tupinambas. chronique brésilienne. 1 vol. br. *Paris*, 1830.

628. **Hécatommithé-Ouero**. Cento novelle di M. Giovanbattista Giraldi. Cintio nobile ferrarese, etc., etc. 1 vol. br. *in Venitia*. 1593.

629. DUMEILLARD. — **L'Etudiant en Médecine**. Un ouvrage en 3 vol. cart. *Paris*, 1824.

630. MILORD L'ARSOUILLE. — **Le Parfait et Grand Cathéchisme Poissard**. Edition revue, corrigée, ornée de 85 gravures, 1 vol. broché. *Paris*...

631. MILORD L'ARSOUILLE. — **Cathéchisme Poissard**, ou les Engueulements soignés des nobles dames de la Halle, suivi de joyeux dialogues à l'usage des amateurs de carnaval. 1 exemplaire broché. *A Paris*...

632. **La Gaudriole**. ou Recueil de chansons érotico-bachiques, morales, joyeuses et autres, rédigé par un convive des soupers de Mouins. 1 vol. broché. *Paris*, 1821.

633. LÉGIER. — **Amusements Poétiques**, 1 vol. broché. *Paris*, 1709.

634. PAR MM***. — **Le Vespillon adultère**, ou le Triomphe de l'Innocence, frontispice romantique, 1 vol. broché, 1868.

635. M. C... L... R... — **Galerie Anglaise,** ou tableau d'une famille traduite de l'anglais, un ouvrage complet de 3 vol. brochés avec le portrait de l'auteur. *Paris,* 1809.

636. LE GAY. — **Le Vieux Solitaire des Pyrénées,** ou Jalousie et Vengeance. Un ouvrage en 3 vol. brochés. *Paris,* 1826.

637. **Les Petites heures de Cythère.** Recueil de chansons, romances, vaudevilles, etc., etc. 1 vol. broché, *Paris,* an VII.

638. ADRIEN L* R*. — **Contes et Historiettes** érotiques, philosophiques, berniesques et moraux en vers. 1 vol. broché. *Paris,* 1804.

639. NICOLAS VENETTE. — **La Génération de l'Homme,** ou le tableau de l'Amour conjugal divisé en quatre parties, figures en taille-douce, un ouvrage à 2 vol. reliés veau. *Amsterdam,* 1732.

640. GRÉCOURT. — **Œuvres complètes,** soigneusement corrigées, etc., etc. Un ouvrage à 4 vol., 3 reliés veau et 1 cartonné. *A Luxembourg,* 1764.

641. SABATIER DE CASTRES. — **Contes de Boccace.** Traduction nouvelle augmentée de divers Contes et Nouvelles en vers. Un ouvrage en 11 vol. brochés. *Paris,* 1804.

642. PIERRE MESSIE ET DE VAUPRINAZ. — **Les Diverses leçons de Loys Gvyon Dolois,** sievr de la Navche, divisées en 5 livres contenant plusieurs histoires, discours et faits mémorables recueillis des Autheurs Grecs, Latins, Français, Italiens, Espagnols, Allemands et Arabes, avec deux indices, l'un des chapitres et l'autre des matières, un ouvrage broché. *Lyon,* 1603.

643. NOUGARET. — **Le Plaisir et l'Illusion,** ou Mémoires et Aventures de Volsange, un ouvrage en 2 vol. brochés, avec figures. *Paris,* 1802.

644. JULES LACROIX. — **L'honneur d'une femme.** Un ouvrage en 2 vol. cart. *Paris,* 1842.

645. LEYNADIER. — **Les Gitanos.** Un vol. cart. *Paris,* 1835.

646. Dr VANNIER, DU HAVRE. — **Cause morale de la Circoncision des Israélites,** institution préventive de l'onanisme des enfants et des principales causes de l'épuisement. Un vol. broché. *Paris,* 1847.

647. **Les plus courtes folies sont les meilleures,** ou l'infidélité malgré lui. Un ouvrage complet en 2 vol. cart., an IV.

648. TOULOTTE. — **Histoire de la Barbarie et des Lois au Moyen-Age.** Un ouvrage complet en 3 vol. Demi-reliure. *Paris,* 1829.

649. **Chansonnier de société,** ou Choix de Rondes. 1 vol. broché. *Paris,* 1812.

650. LE BARON DE ZURLAUBEN. — **Pensées sur les femmes et le mariage,** dédiées aux hommes, un ouvrage cart. *A Kehl,* 1782.

651. **Discours** prononcé par Mlle Perrette de la Babille. Réimpression textuelle de l'édition de 1736, un vol. broché. *Nice,* 1872.

652. **L'Ecole des Maris jaloux.** Réimpression faite sur l'édition de Neuchâtel, 1698, avec notice biographique, 1 vol. broché. *San Remo,* 1874.

653. M. DE SAINT-GLAS. — **Contes nouveaux** en vers, un vol. broché. *Paris,* 1677.

654. Par A. D. L. C. — **Le Babillard** ou le Nouvelliste philosophe, traduit de l'anglais, 1 ouvrage, 1 vol. relié veau. *Amsterdam,* 1725.

655. Par DECOURDEMANCHE. — **Sottisier de Nasr-Eddin-Hadja,** bouffon de Tamerlan, traduits sur des manuscrits inédits, 1 vol. broché. *Bruxelles,* 1878.

656. M. LE SAGE. — **Le Bachelier de Salamanque** ou les Mémoires de D. Chérubin de la Rouda, tiré d'un manuscrit espagnol, 1 ouvrage, 2 vol. reliés veau. *A La Haye,* MDCCXLI.

657. **Confidences d'une jolie Femme,** 1 ouvrage relié veau. *Paris...*

658. Par JEAN PIERRE. — **Le Couvent de Los Agudos.** Un ouvrage en 4 volumes brochés. *Paris,* 1836.

659. Par M. T. — **Les Perfidies à la mode** ou l'Ecole du monde. Un ouvrage complet en 5 volumes cartonnés. *Paris,* 1808.

660. L. SARDOU. — **Œuvres de Rabelais,** précédées de sa Biographie et d'une dissertation sur la prononciation du français au XVIe siècle et accompagnées de notes explicatives du texte. Nouvelle édition, collat. sur les meilleures éditions anciennes, avec indication des variantes, et, pour le Ve livre, correction ou restitution de nombreux passages et d'un chapitre tout entier d'après un vieux manuscrit de la Bibliothèque nationale. *San Remo, J. Gay et fils,* 1874. 3 gros vol. LXXIX-448, 596 et 376 p. in-12, broché, avec fac-similé de l'écriture de Rabelais avec son portrait.

661. GUILLAUME COLLETET. — **Les Bigarrures du seigneur des Accords,** avec les Apophthegmes du sieur Gaulard et les Escraignes dijonnoises. Un ouvrage en 3 vol. brochés. *Bruxelles,* 1866.

662. **Les Epices de Vénus** ou Pièces diverses du même académicien. Un ouvrage, 3 vol. brochés. *Londres,* 1866.

663. **La Pucelle d'Orléans.** Poème Héroï-comique en dix-huit chants, 1 vol. relié marocain. *Londres,* 1756.

664. M. MERCIER, de Compiègne. — **De l'Utilité de la Flagellation** dans les Plaisirs du Mariage et dans la médecine et des fonctions des Lombes et des Reins, orné de gravures en taille-douce et enrichi de notes historiques, etc., etc., 1 vol. relié veau avec filets or. *Paris,* 1792.

665. NOUGARET. — **La Paysanne pervertie** ou les Mœurs des grandes Villes. Mémoires de Jeannette R***. Un ouvrage en 4 vol. brochés. *Londres,* 1776.

666. Par UN MENTEUR. — **La Guerre aux Femmes.** Recueil de pièces servant à dévoiler les vices et les nombreux défauts du sexe. 1 vol. broché, avec gravures. *Paris...*

667. **La Forêt noire** ou les Aventures de M. de Lusy, par l'auteur de la Roche du Diable, etc., etc., ouvrage en 2 vol. demi-reliure. *Paris,* 1821.

668. **Recherches philosophiques sur les Américains** ou Mémoire intéressant pour servir à l'histoire de l'espèce humaine. Un ouvrage en 7 vol. reliés veau. *Paris,* an III de la République, une et indivisible.

669. M. ROMAIN DE HOOGE. — **Contes et Nouvelles de Boccace,** Florentin. Traduction libre, accommodée au goût de ce temps et enrichie de figures en taille-douce gravée. Un ouvrage, 2 vol. *Cologne,* 1702.

670. **Fêtes et Courtisanes de la Grèce,** supplément aux Voyages d'Anacharsis et d'Antenor, comprenant : 1° La Chronique religieuse des anciens Grecs, tableau de

leurs Mœurs publiques : 2° etc., etc. Un ouvrage complet. 4 vol. cart. *Paris*, 1803.

671. M. DIONIS.— **L'Anatomie de l'Homme,** suivant la circulation du sang et les nouvelles découvertes, démontrée au Jardin national, 1 vol. relié veau. *Paris*, 1716, avec le portrait de l'auteur.

672. Par M***.— **La Femme et les Vœux,** 1 vol. cartonné. *A Amsterdam*, 1788.

673. **La Passion de N. S. Jésus-Christ,** tragédie en trois actes et en vaudevilles, à grand spectacle, et terminée par une pluie de feu, 1 vol. cartonné. *A Jérusalem*, an...

674. LOUIS DE SAINT-ANGE. — **Le Secret de triompher des Femmes** et de les fixer, suivi des signes qui annoncent le penchant à l'amour, etc., etc.

675. CHARLES D'HÉRICAULT. — **Œuvres de Coquillart,** nouvelle édition, revue et annotée. Un ouvrage, 2 vol. cartonnés. *Paris*, 1857.

676. SABATIER DE CASTRES. — **Contes de Boccace,** traduction nouvelle, avec frontispice et figures. Un ouvrage en onze col. broché. *Paris*, 1801.

677. **On ne s'y attendait pas.** 1 vol. cartonné parchemin. *A Londres*, 1773.

678. **Le Repentir** ou suite des Lettres originales contenant les Aventures de César de Perlencourt, intitulée le Crime, par l'auteur de l'aventurier François et du Philosophe parvenu. Un ouvrage complet en 4 volumes brochés. *Bruxelles*, 1789.

679. — **Souvenirs de la Marquise de Créquy,** de 1710 à 1803, avec portrait. Un ouvrage en 9 vol. cart. *Paris*, 1840.

680. Par l'auteur de l'Aventurier François. — **Le Philosophe parvenu,** ou lettres et pièces originales contenant les aventures de Eugène Sans-Pair. Un ouvrage en 6 vol. cart. *Paris*, 1787.

681. **Mémoires secrets sur la Russie,** et particulièrement sur la fin du règne de Catherine II et le commencement de celui de Paul Ier. Ouvrage complet en 2 vol. reliés veau. *Amsterdam*, 1830.

682. Par l'auteur des Mémoires d'Olivier Cromwell. — **Histoire amoureuse de la Cour d'Angleterre.** Un ouvrage en 4 vol. broché, *Paris*, 1820.

683. DE FAYROLLE. — **La Duchesse de Kingston** ou Mémoires d'une anglaise célèbre morte à Paris en 1789, avec portrait. Un ouvrage en 4 vol. brochés. *Paris*, 1813.

684. LÉONARD GALLOIS. — **La Caravane dramatique** ou les Virtuoses aventuriers, ornée de gravures. Un ouvrage 3 vol. brochés. *Paris*, 1827.

685. PIGAULT-LEBRUN, — **Angélique et Jeanneton.** Un ouvrage 2 vol. brochés, avec gravures. *Paris*, 1801.

686. MICHEL RAYMOND. — **Le Boudoir et la Mansarde,** roman de mœurs. Un ouvrage en 4 vol. cart. *Paris*, 1844.

687. — **Histoire de la Marquise de Terville,** dédiée à Mademoiselle ***. 1 vol. demi-reliure *Paris*, 1756.

688. — **Avantures choisies,** contenant l'Amour innocent persécuté, l'Esprit-folet ou le Sylphe amoureux, le Cœur volant ou l'amant étourdy et la Belle avanturière. Un ouvrage cart. parchemin. 1719.

689. TOUCHARD-LAFOSSE. — **Le caporal Verner et le général Garnison,** petits romans. Un ouvrage en 4 vol. cart. *Paris*, 1841.

690. MERCIER, de Compiègne. — **Éloge du Pet.** Dissertation, historique, anatomique et philosophique sur son origine, son antiquité, ses vertus, etc., etc. 1 vol broché, avec figures. *Paris*, an VII de la Liberté.

691. ANGOLA. — **Histoire indienne,** ouvrage sans vraisemblance, suivi d'Acajou et Zirphile. 1 vol. broché. *A Agra*, 1775.

692. Par le cit. D... — **Aurora** ou l'amante mystérieuse, traduit de l'allemand. Un ouvrage en 2 vol. brochés. *Paris*, 1802.

693. CÉLESTIN FORTUNE. — **Léon Hésarcis** ou le Danger des femmes. 2 ouvrages en 1 vol. chacun broché. *Paris*, 1813.

694. Mme B***. — **Le Père Lablache et son fils.** Un ouvrage en 3 vol. cart. *Paris*, 1808.

695. AUGUSTE RICARD.— **Monsieur Mayeux.** Un ouvrage en 4 vol. cart. *Paris*, ...

696. — **Le Diable,** histoire satirique, traduit de l'anglais. Un ouvrage en 3 vol. broché. *Paris*, 1802.

697. PAUL LACROIX. — **Ballets et Mascarades de Cour de Henri III à Louis XIV** (1581-1652), recueillis et publiés d'après les éditions originales. Un ouvrage en 6 vol. broché, papier Hollande. *Genève*, 1868.

698. Mlle ARNOULD. — **Arnoldiana,** ou Sophie Arnould et ses contemporains, recueil choisi d'anecdotes piquantes, de réparties et de bons mots, avec portrait. Un ouvrage broché. *Paris*, 1813.

699. **Histoire des Intrigues galantes de la reine Christine de Suède et de sa Cour** pendant son séjour à Rome. 1 vol. cart. *Amsterdam*, MDCXCVII.

700. — **Mémoires et Avantures de Mlle Moll-Flauders,** traduit de l'anglais. 1 vol. demi-reliure. *Londres*, 1761.

701. Par l'auteur des Forges mystérieuses. — **Le Chevalier de Blamon,** ou quelques folies de ma jeunesse. Un ouvrage en 3 vol. broché. *Paris*, an XI.

702. Par M. L. Le M.... — **Le Faux Ravisseur,** ou Caravanes galantes du chevalier d'Abbeville, 1 vol. broché parchemin.

703. Par D***. — **Le Miroir des Dames,** ou l'art de relever par les grâces les charmes de la beauté, traduit librement du Criton anglais, 1 vol. broché, avec frontispice. *Paris*, 1809.

704. Par le chevalier de la B***. — **Le Tombeau philosophique,** ou Histoire du Marquis de *** à Madame de ***. 1 vol. demi-reliure. *Amsterdam*, 1751.

705. Par Mme S***. — **Melchior ardent,** ou les Aventures plaisantes d'un incroyable. 1 vol. demi-reliure, avec fig. *Paris*, ...

706. Mme LAGRAVE. — **Minuit,** ou les Aventures de Paul de Mirebou. 1 vol. demi-reliure, avec figures. *Paris*, an VII.

707. — **Pluton Malotier,** nouvelle galante en six parties, 1 vol. relié veau, doré sur tranches. *Cologne*, 1708.

708. A. CAHAISSE. — **Histoire d'un perroquet,** écrite sous sa dictée. 1 vol. demi-reliure, avec figures. *Paris*, 1802.

709. **Anecdotes sur Madame la Comtesse du Barri.** 1 vol. relié veau. *Londres*, 1776.

710. JULES JANIN, HENRI MARTIN, GUSTAVE DROUINEAU, etc., etc. — **Album de la Mode.** Chronique du monde fashionable ou choix de morceaux de littérature com-

temporaine. 1 vol. cartonné avec figures. *Paris*, 1833.

711. **Théâtre de N. E. Restif de La Bretonne.** 1 exempl. broché. *Londres*, 1770-1786.

712. Horace de Saint-Aubin. — **Le Centenaire** ou Les Deux Béringheld. Un ouvrage en 4 vol. cart. *Paris*, 1822.

713. Par Paccard.—**Le Parisien** ou les Illusions de la Jeunesse. Un ouvrage en 3 vol. brochés. *Paris*, 1812.

714. Henry Cohen.—**Guide de l'Amateur de Livres à Vignettes et à Figures du XVIII° siècle.** 1 vol. broché. *Paris*, 1880.

715. Par J. F., auteur de La Dot de Suzette. — **Frédéric.** Un ouvrage en 3 vol. cart. *Paris*, an VII.

716. Nicolas Venette. — **Tableau de l'Amour conjugal.** Un ouvrage en 3 vol. brochés. *Paris*, 1814.

717. De Faverolle. — **Le Parc aux Cerfs** ou Histoire secrète des Jeunes Demoiselles qui y ont été renfermées. Un ouvrage en 4 vol. brochés, avec 4 figures. *Paris*, 1832.

718. Rougemaitre. — **Le Perroquet,** roman anglais-français-allemand. Un ouvrage en 4 vol. brochés. *Paris*, 1817.

719. **Histoire d'Agathon.** Traduction nouvelle et complète, faite sur la nouvelle édition des œuvres de M. Vieland, par l'auteur de Pietro d'Alby et Gianetta. Un ouvrage en 3 vol. brochés. *Paris*, 1802.

720. Par Un officier de dragons. — **Le Roman pris par la Queue.** Un ouvrage en 2 vol. brochés. *Paris*, 1803.

721. Par Raban. — **Le Sacristain.** Un ouvrage en 4 vol. brochés. *Paris*, 1832.

722. C.-J. Rougemaitre. — **Le Roman tragique** ou Les Suites de la Séduction, histoire tragique et vraisemblable. Un ouvrage en 2 vol. brochés. *Troyes*, 1807.

723. Par Colinet. — **Le Compère madré** ou L'Homme parvenu malgré tout le monde. Un ouvrage en 4 vol. brochés. *Paris*, 1834.

724. Par Mardelle. — **La Petite Maison d'Auteuil.** Un ouvrage en 4 vol. cart. *Paris*, 1836.

725. Par Venette. — **La Génération de l'Homme** ou Tableau de l'Amour conjugal considéré dans l'état de mariage. Un ouvrage en 2 vol. brochés, avec frontispice et figure.

726. De Grécourt-Cazix. — **Œuvres diverses,** avec figures. Un ouvrage en 4 vol. reliés veau, dorés sur tranche. *Londres*, 1780.

727. **Le Moine,** traduit de l'anglais. Un ouvrage en 2 vol., demi-reliure, avec figures. *Paris*, an VI.

728. **Mémoires du Comte Alexandre de Tilly,** pour servir à l'histoire des mœurs à la fin du XVIIIe siècle. Un ouvrage en 3 vol. brochés. *Paris*, 1828.

729. Par Le Gai. — **L'Envieux et sa Victime** ou Charles et son frère Henri. Un ouvrage en 3 vol. brochés. *Paris*, 1848.

730. **La Génération de l'Homme** ou Tableau de l'Amour conjugal considéré dans l'état du mariage. Un ouvrage en 2 vol., un relié veau et l'autre cartonné.

731. Touchard-Lafosse. — **L'Homme du Peuple.** Un ouvrage en 3 vol. cartonnés. *Paris*, 1829.

732. Nicolas Venette. — **La Génération** de l'Homme ou Tableau de l'Amour conjugal considéré dans l'état du mariage. Un ouvrage en 2 vol. reliés veau. *Londres*, 1765.

733. Lepeintre-Desroches. — **L'Épicier,** histoire fantastique. Un ouvrage en 4 vol. brochés. *Paris*, 1833.

734. Lesage. — **Histoire de Guzman d'Alfarache.** Un ouvrage en 2 vol. brochés. *Maestricht*, 1787.

735. M. P. N. D. — **La Méprise** ou L'Enfant de ma Mère. 1 vol. demi-reliure. *Paris*, 1800.

736. **Agénor et Zulmé.** 1 vol. demi-reliure. *Nancy*, 1768.

737. Marquis de Pezay. — **Zélis au Bain,** poème en quatre chants. 1 exemplaire broché. *La Haye*, 1764.

738. **Les Leçons de la Volupté** ou La Jeunesse du Chevalier de Monouville. 1 vol. broché. *Cythère*, 1776.

739. P. L. Jacob. — **L'Heptaméron** des Nouvelles de très-haute et très-illustre Princesse Marguerite d'Angoulême, Royne de Navarre. Un ouvrage 1 vol. broché avec gravures et frontispice. *Paris*, 1858.

740. **La Fricassée Crotestyllonnée,** réimpression faite sur l'édition de Rouen, 1604. Un vol. broché. *Rouen*, 1867.

741. **Anecdotes curieuses et galantes** ou Les Occupations du Siècle. 1 vol. cart. *Paris*, 1798.

742. Furetière.—**Le Roman Bourgeois,** ouvrage comique. 1 vol. cart. *Paris*, 1666.

743. **Nouveaux choix de pièces de Poésie.** 1 vol. relié veau. *Paris*, 1715.

744. Guillaume Colletet. — **Les Œuvres poétiques de Pierre de Cornu.** 1 vol. broché. *Turin*, 1870.

745. Pierre de Larivey. — **Les six premières Comédies facétieuses,** de Pierre de Larivey, à l'imitation des anciens Grecs, Latins, etc., etc. 1 vol. broché. *Paris*, 1579.

746. Publié par un enfant de la Joie. — **Riche-en-Gueule,** ou le nouveau Vadé; 1 vol. demi-reliure, *Paris.*

747. Le Noble. — **Mylord Courtenay** ou histoire secrète des premiers amours d'Elisabeth d'Angleterre, 1 vol. relié, veau. *Paris* MDCXCVII.

748. **Portrait de M. Mayeux.** 48 gravures très rares. 1 vol. cart.

749. **Le Chansonnier de Cythère** pour l'an 1807. 1 vol. broché, avec figure.

750. **Les Muses incognes** ou la seille aux bourriers, plaine de désirs et imaginations d'amour. Recueil de poésies satyriques de Béroalde de Verville, de Guy de Tours, etc., etc. 1 vol. cart. parchemin. *Paris*, 1862.

751. Par Vasquin Philieul. — **Le I. F. V. des Escheez.** — Traduction en vers français du poème latin de Vida de Ludo Scacchorum, 1 vol. cart. parchemin. *Paris*, 1862.

752. Dumas. — **Le Coeu en herbe et en gerbe,** (comédie en cinq actes et en vers), réimprimé sur l'édition originale de Bordeaux sans date, vers 1686. 1 vol. broché, papier de Chine, *Turin*, 1871.

753. Paul Lacroix. — **Bibliographie Moliéresque,** contenant 1° la description de toutes les éditions des œuvres et des pièces de Molière, etc., etc. 1 vol. broché.

754. Nougaret. — **Les jolis péchés d'une Marchande de Modes,** ou Ainsi va le Monde. 1 vol. demi-reliure, avec figures en taille-douce. *Paris*, an VIII.

755. GRIVEL. — **L'Isle inconnue** ou Mémoires du Chevalier des Gastines. Un ouvrage en 6 vol. brochés, *Paris* MDCCXCIII.

756. Par RABAN. — **Le Chevalier d'Industrie**, ouvrage en 2 vol. cart. *Paris*, 1839.

757. DE COURTIN. — **Traité de la Jalousie**, ou Moyen d'entretenir la paix dans le mariage. 1 vol. relié veau. *Paris*, 1685.

758. MANVILLOU ou VILLARET. — **L'anti-Pamela** ou la Fausse Innocence, découverte dans les Aventures de Syrène. Histoire véritable et attestée par l'expérience de tous les jours. 1 vol. relié veau. *Amsterdam*. MDCCXLIII.

759. **Vingt Catalogues** d'amateurs, en deux paquets.

760. Par J. LEVIS. — **L'alcora des Cordeliers**, tant en latin qu'en français, c'est-à-dire : Recueil des plus notables bourdes et blasphèmes de ceux qui ont osé comparer saint François à Jésus-Christ, etc. Nouvelle édition ornée de figures dessinées par Picart. Un ouvrage en 2 vol. reliés veau. *Amsterdam*. 1734.

761. — Par le Père de la Joie — **Les Libertins en Campagne**. 1 vol. broché. *Turin*. 1870.

762. Par P.-A.-M. MIGER. — **Plaisirs et Peines** ou les Travers d'une jolie femme, traduit de l'anglais. 1 vol. relié veau. *Paris*, an IX.

763. REVERONY. — **Pauliska** ou la Perversité moderne. Mémoires récents d'une Polonaise. 1 vol. cart. avec figures. *Paris*, an VI.

764. Par SABATIER DE CASTRES. — **Contes de Boccace**. 1 ouvrage en 11 vol. brochés. *Paris*, 1801.

765. Par LAUR BOUBERT. — **La première et seconde partie des Erreurs populaires**, touchant la médecine et le régime de santé. 1 vol. broché. *Rouen*. 1601.

766. OLIVIER DE LA MARCHE. — **Traité du Duel judiciaire**, relations de pas d'armes et tournois. 1 vol. broché. *Paris*, 1872.

767. **Aventures galantes de M. Le Noble**, contenant : l'Avare généreux, le Mort marié, le faux Rapt. 1 vol. relié veau. *Paris*, 1706.

768. **Histoire de Mademoiselle Crouel**, dite Fretillon, actrice à la Comédie de Rouen, écrite par elle-même. 1 vol. cart. *La Haye*, 1741.

769. JEAN CORROZET. — **Les Plaisantes journées du sieur Favoral**. 1 vol. cart. *Genève*. 1868.

770. Par le S. THÉOPHILE. — **Le nouveau Parnasse satyrique**, contenant divers madrigals et épigrammes galants et facétieux. 1 vol. cart. *Calais*. 1684.

771. **Morale galante** ou l'Art de bien aimer, dédié à Monseigneur le Dauphin. 1 vol. cart. *Paris*, 1669.

772. Par le R. P. DAIRE. — **Les Épithètes françoises**, rangées sous leurs substantifs, ouvrage utile aux poètes, etc., etc. 1 vol. relié veau. *Lyon*, 1759.

773. **Les Illustres infortunez** ou les Aventures galantes des plus grands héros de l'antiquité. 2 vol. cart. *Cologne*, MDCXCV.

774. Par GABRIEL CASTELNAU. — **Valmour** ou les Passions corrigées par la vertu. 1 ouvrage en 3 vol. cart. *Paris*. 1802.

775. ROLAND FURIEUX. — **Chants** (Poème), 23 grands exemplaires, 11 petits brochés, orné de belles gravures.

776. M. L. LE M. — **Le Faux Ravisseur**, ou Caravanes galantes du chevalier d'Abbeville. Un ouvrage en 2 vol. cart. *Hambourg*. 1755.

777. Par L. L. D. F. — **Monsieur de la Poulinière**, ou Mémoires d'un mari comme il y en a tant. Un ouvrage en 3 vol., broché. *Paris*, 1818.

778. Par B... — **Léon et Justine**, ou le Mariage équivoque. Ouvrage en 4 vol. cart. *Paris*. 1822.

779. **Irène**, ou une femme traçant de sa propre main le tableau de sa vie. Un ouvrage en 4 vol. broché. *Paris*, 1826.

780. **Mémoires du comte de Bonneval**. Un ouvrage en 3 vol. reliés veau. A *La Haye*. 1738.

781. **Mémoires d'une jeune fille**, écrits par elle-même, histoire véritable. Un ouvrage en 2 vol. brochés. *Paris*, 1789.

782. **Mémoires de M. L. C. D. R.** — Contenant ce qui s'est passé sous le ministère de Richelieu et de Mazarin. 1 vol. demi-reliure. A *La Haye*. 1691.

783. **Misogug**, ou les Femmes comme elles sont, histoire orientale, traduite du chaldéen. 1 vol. cart. *Paris*. 1787.

784. Par l'abbé CASTI. — **La Papesse**. — Nouvelle en trois parties et en vers, traduite en français pour la première fois, texte italien en regard. 1 vol. cart. *Paris*. 1878.

785. Par DUBOIS-GUCHAN. — **Tacite**. — La Germanie, traduction entièrement nouvelle. 1 vol. broché. *Paris*. 1878.

786. ALCIDE BONNEAU. — **Un vieillard doit-il se marier**. — Dialogue de Pogge, traduit en français, texte latin. 1 vol. broché. *Paris*. 1877.

787. Par M. DE PAVEROLLE. — **Mella de Sorville**, ou la Victoire des événements de 1814. Un ouvrage en 2 vol. cart. *Paris*. 1815.

788. **Les Faveurs et les Disgrâces de l'amour**, ou les Amans heureux, trompés et malheureux. Un ouvrage en 3 vol. cart. *Bruxelles*. 1788.

789. **Contes et Nouvelles, en vers, de M. de La Fontaine**. — Nouvelle édition enrichie de nombreuses tailles-douces. 1 vol. relié veau. *Amsterdam*, 1685.

790. Par M. BERTAUT, PRÊTRE. — **Le Directeur des Confesseurs**, en forme de catéchisme, contenant une méthode nouvelle. 1 vol. cart. *Paris*. 1670.

791. Par JOSEPH GORANI. — **Mémoires, Secrets et Critiques** des Cours, des Gouvernements et des mœurs des principaux États de l'Italie. Un ouvrage en 3 vol. broché. *Londres*, 1794.

792. **La Contemporaine en Egypte**. Pour faire suite aux Souvenirs d'une femme, sur les principaux personnages de la République, du Consulat, de l'Empire, etc. Un ouvrage en 6 vol. br. *Paris*, 1831.

793. HIPPOLYTE LUCAS. — **Documents relatifs à l'histoire du Cid**. — Treize ouvrages. *Paris*, 1860.

794. ANATOLE DE MONTAIGLON. — **Le Triomphe de haulte et puissante dame Verolle**, et le Pourpoint fermant à boutons etc.. 7 exemplaires. *Paris*, 1874, 1 vol. in-12 broché.

795. JACOB. — **Le tableau des Piperies des femmes mondaines**, 1 vol. broché. *Paris*, 1879.

796. — **Arnoldiana,** ou Sophie Arnould et ses contemporaines, recueil choisi d'anecdotes piquantes, avec portrait, 1 vol. broché. *Paris*, 1813.

797. CARNAUDET. — **La Vie et la Passion de Monseigneur Sainct-Didier,** martir et évesque de Lengres, jouée en ladicte cité l'an MilCCCCIIIXX et deux, composée par vénérables et scientifiques personnes. Maistre Guillaume Flamang, chanoine de Lengres, etc., deux ouvrages en 1 vol. chacun. *Paris*, 1855.

798. GRÉCOURT. — **Œuvres badines.** — 1 vol. broché. *Paris*, 1832.

799. **L'Écueil de la vie,** ou les Amours du chevalier de   , 1 vol. relié veau. A *Francfort*, MDCCXLII.

800. Par le S. L. R. — **Les Aventures divertissantes du duc de Roquelaure,** suivant les mémoires que l'auteur a trouvés, avec figures en taille-douce. 1 vol. broché. *Versailles*, 1789.

801. **Le Carillon de Cythère** ou les Progrès de l'Amour. 1 vol. demi-reliure. *Paris*, 1776.

802. **Le Balai.** Poème Heroï-Comique en XVIII chants. 1 vol. relié veau. A *Constantinople*, 1762.

803. **La Saxe galante.** 1 vol. relié veau, à *Amsterdam*, 1734.

804. M. BASTIDE. — **La Trentaine de Cythère.** 1 vol. relié veau. A *Londres*, 1753.

805. BODIN. — **De la Démonomanie des Sorciers.** 1 vol. relié veau. A *Lyon*, MDXCVIII.

806. LE MONNIER. — **Le Mariage sans mariage** (comédie en cinq actes et en vers, réimpression textuellement d'après l'édition ancienne de Paris 1670). 1 vol. broché. *Turin*, 1869.

807. LEROY. — **Satyre Menippée de la Vertu du Catholicon d'Espagne** et de la tenue des Etats de Paris. Nouvelle édition imprimée sur celle de 1696, corrigée. 1 vol. relié veau. A *Ratisbonne*, MDCXCIX.

808. ROUGEMAITRE. — **Le Roman tragique** ou les suites de la séduction. Deux ouvrages en 4 vol. chacun demi-reliure. *Paris*, 1808.

809. Mme LA MARQUISE DE ... — **Le Danger des liaisons** ou Mémoires de la baronne de Blémon, un ouvrage en 2 vol. relié veau. A *Genève*, 1763.

810. LEGOUVÉ. — **Le Mérite des femmes.** 24 vol. brochés avec le portrait de l'auteur. *Paris*, 1870.

811. M. LE BARON DE LAMOTHE-LANGON. — **Le Vampire** ou la Vierge de Hongrie. Un ouvrage en 3 vol. brochés, *Paris*, 1825.

812. Un ouvrage en 3 vol. cart. *Paris*, 1828.

813. LAUMIER. — **Mon cousin Bernard,** auteur de l'Enfant Jésuite. Un ouvrage en 4 vol. brochés. *Paris*, 1827.

814. **L'Aristenette Français** ou Recueil de folies amoureuses. Un ouvrage en 3 vol. brochés. *Paris*, 1807.

815. **Le Moine.** Traduit de l'anglais. 1 ouvrage en 3 vol. brochés. *Paris*, 1819.

816. **Le neveu du Chanoine** ou Confessions de l'abbé Guignard, écrites par lui-même. 1 ouvrage en 3 vol. brochés. *Paris*, 1831.

817. L. C. CHÉRON. — **Tom Jones,** ou l'histoire d'un enfant trouvé. 1 ouvrage en 6 vol. cart. *Paris*, 1804.

818. MATHURIN. — **Melmoth,** ou l'Homme Errant, traduit librement de l'anglais, par Jean Cohen. 1 ouvrage en 6 vol. cart. *Paris*, 1821.

819. **Vie et amours d'un pauvre diable.** 1 vol. relié veau. *Genève*, 1788.

820. ATHIER. — **Vingt ans de folie.** 2 vol. cart. *Paris*, 1823.

821. TALMONT. — **Les Testaments,** ou les spéculations à la mode. 1 ouvrage cart. en 3 vol. *Paris*, 1825.

822. RICARD SAINT-HILAIRE. — **Le Moine et le Philosophe,** ou la croisade et le bon vieux temps. 1 ouvrage en 4 vol. brochés. *Paris*, 1820.

823. **Histoire de Fortunatus et de ses enfants.** 1 vol. demi-reliure. *Paris*, 1770.

824. **Mémoires d'une Religieuse** écrits par elle-même. 1 ouvrage 2 vol. demi-reliure. A *Amsterdam*, 1760.

825. SAVEROLLES. — **La Vallée de Mittersbach,** ou le château de Blankenstein. 1 ouvrage en 4 vol. cart. *Paris*, 1817.

826. SPINDLER. — **L'Élixir du Diable,** histoire tirée des papiers du frère Médard, capucin, traduite de l'allemand, par Jean Cohen. 1 ouvrage en 4 vol. brochés. *Paris*, 1820.

827. RABAN. — **Victoires,** conquêtes et revers d'une femme de qualité, ouvrage en 4 vol. brochés. *Paris*, 1833.

828. ARMAND CHARLEMAGNE. — **Les Trois B...,** ou aventures et mémoires d'un boiteux, d'un borgne et d'un bossu. 1 ouvrage en 3 vol. brochés. *Paris*, 1809.

829. LE C. J** DEMAINMIEUX. — **Sylvestre,** ou mémoires d'un centenaire de 1675 à 1786. 1 ouvrage en 4 vol. brochés. *Paris*, 1802.

830. **Les Saturnales Françoises.** Roman comique, intéressant par la diversité et la nouveauté de ses caractères critiques, etc., etc. 1 ouvrage en 2 vol. reliés veau. *Paris*, 1736.

831. **Les Aveux d'une Femme galante,** ou lettres de Mme la marquise de** à Miladi-Fanny, Stapelton, 1 vol. broché. *Londres*, 1791, avec figure.

832. AUVRAY. — **Le Banquet des Muses,** ou recueil de toutes les satyres, mascarades, etc., etc. 1 vol. broché, *Rouen*, 1623.

833. **La Rencontre fatale,** ou le tailleur de la sœur Ursule. 1 vol. cart. avec figures. *Paris*, an X.

834. M. GUEULLETTE. — **Mémoires de Mlle de Bentems** ou de la comtesse de Marlou. 1 ouvrage en 2 vol. reliés veau. *Londres*, 1781.

835. **Le Déjeuné de la Rapée,** ou discours des Halles et des Ports, nouvelle édition. 1 vol. cart., à la Grenouillère de l'imprimerie de Mlle Manon, marchande orangère...

836. A DE VIERLLERGLÉ et LORD R. HOONE. — **Jean Louis,** ou la Fille trouvée, un ouvrage en 4 volumes, broché. *Paris*, 1822.

837. PIGAULT-LEBRUN. — **Mon oncle Thomas,** 3 vol. cart. *Paris*, 1807.

838. **Les Métamorphoses de la Religieuse,** lettres d'une dame à son amie. 1 vol. relié veau. *Amsterdam*, 1768.

839. **L'Amusement des Dames,** ou recueil d'airs choisis, menuets, contredanses, etc., 1 vol. cart. à *Paris*...

840. **Œuvres Badines et morales de M*****, contenant le Conte du Plaisir, le Conte du pèlerin, 1 vol. relié veau. *Amsterdam*. 1776.

841. BÉRANGER. — **Chansons complètes de J. Émile Debraux,** augmentées d'une notice.

842. A. FOUCHY. — **Les Enfants de la nuit,** ou les Aventures d'un Parisien, un ouvrage en 3 vol. cart. *Paris*, 1823.

843. **Diane et son ami,** ou Voyages et Aventures du Chevalier de Mirmont-Larochefoucault dans l'Inde, 1 vol. demi-reliure. *A Versailles*, 1803.

844. BÉRANGER. — **Œuvres complètes de Parny,** précédées d'une notice et d'une Romance sur la mort de l'auteur. 5 vol. brochés. *Paris*, 1833.

845. PARNY. — **Bibliothèque des amis des Lettres,** ou choix des meilleurs auteurs français. 3 vol. brochés. *Paris*. 1830.

846. CRÉBILLON. — **Le Sopha,** conte moral, nouvelle édition, revue corrigée et augmentée d'une reproduction historique. 2 vol. brochés. *Paris*, 1835.

847. **Gaudrioles chantantes,** ou nouveau chansonnier grivois. Extrait des manuscrits de Piron, Collé, Gallet et autres joyeux chansonniers, anciens et modernes. 1 vol. broché avec figures. *Paris*, Hedde, libraire, rue du Coq-Saint-Honoré, n° 5.

848. BALZAC. — **Les Cent Contes drolatiques,** Colligéz ès Abbaïes de Touraine et mis en lumière. 1 vol. cart. *Paris*, 1832.

849. RABAN. — **Le Gentilhomme Normand,** un ouvrage en 2 vol. cart. *Paris*, 1829.

850. **L'Esprit dupe du cœur,** ou histoire véritable du philosophe Tovler, écrite par lui-même, 1 vol. relié veau. *Paris*...

851. MATHIEU-MARAIS. — **Contes et Nouvelles de La Fontaine,** nouvelle édition revue et corrigée, 1 vol. broché. *Paris*, 1858.

852. NOUGARET. — **Les Historiettes du jour,** ou Paris tel qu'il est, un ouvrage en 2 vol. cart. *Londres*, 1787.

853. **Les Funestes effets de l'amour,** et les désordres de cette passion. 1 vol. relié veau. *Constantinople*...

854. JACOB. — **Vertu et Tempérament,** histoire du temps de la Restauration, 1818, 1820, 1832. 1 vol. cart. *Paris*, 1832.

855 et 856 ROSEL DE BEAUMONT. — **Œuvres mêlées,** contenant diverses pièces en prose et en vers, et un grand nombre de contes, 1 vol. relié veau. *Amsterdam*, 1722.

857. Abbé DUVERNOT. — **La Retraite, les Tentations,** et les Confessions de Mme la marquise de Montcornillon, réimpression textuelle de l'édition originale de 1790. *Turin*, 1871.

858. — Par le chevalier PLANTE-AMOUR. — **L'Art de connaitre les femmes,** 1 vol. broché. *Paris*, 1820.

859. Madame***. — **Entre chien et loup,** un ouvrage, 2 vol. broché. *Paris*, 1809.

860. Mme BENOIT. — **Lettres sur le désir de plaire,** suivies de ce que c'est l'occasion, conte moral, 1 vol. cart., 1786.

861. LABLÉE J. — **L'Homme aux six femmes,** ou les effets du divorce, le nouveau chevalier, le salon de Merlin, etc., un ouvrage, 2 vol. cart., *Paris*, 1802.

862. RABAN. — **Les Jumeaux de Paris,** deux ouvrages en 3 vol. chacun broché. *Paris*, 1828.

863. COURIER. — **Les Pastorales de Longus,** traduction complète. 1 vol. br. *Paris*, 1825.

864. **Les mille et une faveurs,** conte de cour, tiré de l'ancien gaulois, un ouvrage en 5 vol. broch. *Londres*, 1783.

865. **Perrette décoiffée,** ou la guerre de Villethierry, Poëme Heroï-Comique en six chants, 1 vol. broch. *Paris*, 1822.

866. RIGOLEY DE JUVIGNY. — **Œuvres complètes d'Alexis Pérou,** un ouvrage cart. en 7 vol. *A Neufchâtel*, 1727.

867. FOURNIER-VERNEUIL. — **Paris,** tableau moral et philosophique. 1 vol. broché. *Paris*, 1826.

868. Mme G{lle} DUCREST. — **Paris en Province,** et la Province à Paris, deux ouvrages en 3 vol. cart. *Paris*, 1831.

869. **Histoire Secrète des amours de Henri IV,** roi de Castille, surnommé l'impuissant. *A La Haye*...

870. FOUCHY A. J. — **Les Enfants de la nuit,** ou les Aventures d'un Parisien, un ouvrage en 3 vol. cart. *Paris*, 1823.

871. HENRIQUEZ L. M. — **Voyage et Aventure de Frondeabus,** fils d'Herschell dans la cinquième partie du monde, 1 vol. cart. *Paris*, an VII.

872. Le docteur AKERLIO. — **Éloge des Perruques,** enrichi de notes plus amples que le texte. 1 vol. cart. *Paris*...

873. Extrait des Mémoires de messire NICOLAS DE MONTMORENCY, comte d'Estarre. — **Histoire véritable et mémorable** de ce qui s'est passé sous l'exorcisme de trois filles possédées, ès païs de Flandre, etc., etc. 1 ouvrage en 2 vol. relié maroquin. *Paris*, 1623.

874. Messire ESPRIT, gentilhomme provençal. — **Histoire du prince Apprius,** Extrait des Fastes du monde depuis sa création, manuscrit persan. 1 vol. relié veau. *Constantinople*, ...

874 *bis*. D°, 1 vol. demi-reliure, *Constantinople*,

875. L'abbé de CASTRES. — **Les Siècles païens,** ou dictionnaire mythologique, héroïque, politique, etc., etc., depuis l'origine du monde jusqu'à la fin du siècle d'Auguste, 1 ouv. cart. vol, reliés veau, 1784.

876. **Imirce,** ou la fille de la nature. 1 vol. cart. *Londres*, 1776.

877. ACHARD, LEVASSOR et LEMÉNIL. — **Album comique,** répertoire des scènes, chansonnettes et romances chantées sur les principaux théâtres. 1 ouvr. cart, en 5 vol. *Paris*, 1841.

878. DE GRÉCOURT. — **Œuvres complètes,** nouvelle édition. Un ouvrage en 7 vol. brochés. *A Luxembourg*, 1802.

879. ÉMILE MABILLE. — **Le grand Parangon des nouvelles nouvelles,** recueillies par Nicolas de Troyes, 1 vol. broché. *Paris*, 1866.

880. Le Marquis de BELLE-ISLE. — **Semelion,** histoire véritable, nouvelle édition, augmentée d'une troisième et d'une quatrième parties qui n'avaient pas encore été publiées. Un ouvrage en 2 vol. *A Hambourg*, 1807.

881. **Les Confidences d'une jolie femme,** 1 vol. cart. *A Amsterdam*, 1775.

882. Chevalier de la B***. — **Les Confessions d'un fat.** 1 vol. relié veau. *A Francfort*, 1750.

883. DE GRÉCOURT. — **Œuvres diverses.** nouvelle édition, augmentée du philotanus de la bibliothèque des damnés, etc., avec figures. Un ouvrage en 4 vol. brochés. *Amsterdam*, 1762.

884. **Le Décaméron de Boccace.** Un ouvrage complet broché. *Paris*, 1801.

885. M. DE LIGNAC. — **De l'homme et de la femme** considérés physiquement dans l'état du mariage. Un ouvrage relié veau en 3 vol., avec figures. *A Lille* 1774.

885 *bis*. D°, Un ouvrage relié veau en 3 vol., avec figures. *A Lille*, 1774.

886. DE GRÉCOURT. — **Œuvres diverses,** nouvelle édition. Un ouvrage en 4 vol. cart., avec figure. *Luxembourg*, 1767.

887. D°, Trois ouvrages en 4 vol., avec portrait relié veau, dont deux ouvrages en 2 vol. *A Luxembourg*, 1767.

888. NICOLAS VENETTE. — **Tableau de l'Amour conjugal,** un ouvrage en 2 vol. reliés, ornés de 12 gravures.

889. **Philosophie d'amour de M. Léon Hebreu,** traduit de l'italien en français. 1 vol. cart. *Lyon*, MDXCV.

890. **Opere scelte di Ferrante Pallavicino.** 1 vol. relié parchemin avec filets or. In *Villafranca*, 1673.

891. **La Chronique indiscrète.** Boudoirs, coulisses, bruits de ville, variétés, écrits, gravure, musique, spectacles, etc., etc. Un ouvrage en 2 vol. brochés. *Paris*, 1818.

892. **La Confession,** par l'auteur de l'Ane mort et la Femme guillotinée. Un ouvrage en 2 vol. cart. *Paris*, 1830.

893 et 893 *bis*. Sir CHARLES MORELL. — **Les Contes des génies,** ou les charmantes leçons d'Horam, fils d'Asmar. Ouvrage traduit du persan en anglais. Trois ouvrages en 3 vol. cart., avec 13 figures. *Amsterdam*, 1767.

894. **Les Plaisantes idées du sieur Mistauguet,** docteur à la moderne, 1 vol. broché. *Genève*, 1867.

895. M. LE TELLIER D'ORVILLIERS. — **Le Roman comique** mis en vers. Un ouvrage en 2 vol. reliés en marocain plein. *A Paris*, 1733.

896. NICOLAS VENETTE. — **La Génération de l'homme,** ou tableau de l'amour conjugal considéré dans l'état du mariage. Un ouvrage en 2 vol. reliés. *Londres*, 1752.

897. **Les Fantômes nocturnes,** ou les terreurs des coupables, Un ouvrage en 2 vol. brochés. *Paris*, 1821.

898. LA FONTAINE. — **Contes et Nouvelles,** trois ouvrages complets avec figures.

899. **Les Confidences d'une jolie femme.** Deux ouvrages complets en 5 vol. cart. *Paris*, 1776.

900. — GUÉNARD DE FAVECOLLE. — **Les Forges mystérieuses** ou l'Amour alchimiste. Un ouvrage en 4 vol. cart. *Paris*, 1819.

901. CYRE FOUCAULT. — **Les épîtres amoureuses** d'Aristenet, tournées de grec en français, avec l'image du vray amant, etc., etc., en 1 vol. broché. *Paris*, 1876.

902. **Trente-huit brochures,** des Aventures du Gourou de Paramarta.

903. ALEXIS PIRON. — **Chefs-d'œuvre,** auxquels on a ajouté la vie de l'auteur et ses poésies latines, 1 ouvrage en 3 vol. brochés. *Paris*, an VIII.

904. LORÉDAN LARCHEY. — **Les Excentricités de la langue française** en 1860, 1 vol., cartonné.

905. DE POGGE. — **Les Facéties,** traduites en français avec le texte latin, 1 ouvrage, 2 vol., broché. *Paris*, 1878.

906. ROBBÉ DE BEAUVESET. — **Œuvres badines** (contes), 1 ouvrage, 2 vol., brochés. *Londres*, 1801.

907. GRASSET DE SAINT-SAUVEUR. — **Le Sérail,** ou Histoire des intrigues secrètes ou amoureuses des femmes du grand seigneur, édition ornée de 8 gravures, 1 vol., cartonné. *Paris*, an IV.

908. SABATIER DE CASTRES. — **Contes de Boccace,** traduction nouvelle, 1 ouvrage complet avec figures, broché, *Paris*, 1801.

909. M. L. C. D. — **Les Contre-temps,** ou la femme Grue veuve, 1 vol. demi-reliure, *Paris*...

910. **Les Folies de ce temps-là,** ou le Trente-troisième siècle, 1 ouvrage, 2 vol., cartonné. *Paris*, 1801.

911. BÉRANGER. — **Œuvres complètes,** nouvelle édition ornée de 44 gravures sur acier, 1 vol.

912. ARMAND CHARLEMAGNE. — **Les trois B...,** ou Aventures et mémoires d'un boiteux, d'un borgne et d'un bossu, 1 ouvrage en 2 vol., reliés veau. *Paris*, 1809.

913. **Lettres juives,** ou Correspondance philosophique, historique et critique entre un juif et ses correspondants, 1 ouvrage en 6 vol., relié veau, avec figures. *A La Haye*, 1738.

914. PAUL DE KOCK. — **L'Homme de la Nature** et l'Homme policé, 3 vol., brochés. *Paris*, 1831.

915. BÉRANGER. — **Dernières chansons,** gravures et musique, de 1834 à 1851, avec une lettre et une préface de l'aute r.

916. L'ABBÉ GEORGEL. — **Mémoires** pour servir à l'Histoire des événements de la fin du XVIII° siècle, depuis 1760 jusqu'en 1806, 1810, avec la gravure du fameux collier. 1 ouvrage en 6 vol., brochés, *Paris*, 1820.

917. DE LA FONTAINE. — **Contes et Nouvelles en vers,** nouvelle édition enrichie de tailles-douces, dessinées par Romain de Hooge, 1 ouvrage, 2 vol., *Amsterdam*. 1732.

917 *bis*. DE LA FONTAINE. — d° 1 ouvrage, 2 vol., reliés veau, *Paris*, MDCCXCVI.

918. **La Galerie des Etats-Généraux,** 1 vol., cartonné, 1789.

919. **Le Sylphe,** traduit de l'anglais, 1 vol., cartonné, à *Genève*, 1784, avec figures.

920. **Œuvres posthumes et facéties de Mirabeau le jeune,** 1 vol., broché, *Paris*, 1798.

921. **Les mille et un guignons,** ou l'homme qui a renoncé à tout, roman philosophi-tragi-comique, 1 ouvrage en 4 vol., brochés, *Paris*, 1807.

922. RABAN. — **Les Ouvriers,** roman de mœurs, 1 ouvrage en 4 vol., cartonnés, *Paris*, 1835.

923. Le citoyen P. L. LE BAS. — **Cinthelia,** ou une sur dix mille, traduit de l'anglais, de Georges Walker, 1 ouvrage en 4 vol., brochés, *Paris*, an VI.

924. M. M. R. — **Les nouvelles liaisons dangereuses,** ou Lettres du Chevalier de Joinville et de Mlle d'Arans, etc., etc., 1 ouvrage en 4 vol., cartonnés, *Paris*, 1792.

925. TOUCHARD-LAFOSSE. — **L'Homme du peuple,** 1 ouvrage en 5 vol., cartonnés, *Paris,* 1829.

926. DORVAULT. — **L'Officine,** ou Répertoire général de pharmacie pratique, 1 vol., relié, *Paris,* 1866.

927. LIÉNARD. — **Charles,** ou Mémoires historiques de M. de la Bussière, 1 vol., broché, *Paris,* 1804.

928. **L'Espion dévalisé,** ou Recueil des anecdotes les plus intéressantes de personnes illustres.

929. **Procez et amples examinations sur la vie de Caresme-prenant,** traduit d'italien en françois. 54 exemplaires brochés. *Paris,* 1605.

929 *bis.* D° 2 exemplaires brochés papier Chine, 1605.

929 *ter.* D° 3 exemplaires brochés petit papier, 1605.

930. SIR R. AINSLIE. — **Views** in the ottoman Empire chiefli in Caramania. A part of Asia Minor hiterto unerplored. With some curious selections from the islands of Rhodes and Cyprius and the celebraded cities of Corinth, Cartage and Tripoli. From the Original-Drawings. 1 grand vol. cartonné orné de très belles gravures. *London,* 1803.

931. ANDREÆ CELLARII. — **Harmonia** macrocosmica seur atlas universalis et novus, totius universi creati cosmographiam generalem et novam exibens. 1 grand vol. cartonné orné de grandes planches coloriées. *Amstelodami, anno cIɔ Iɔ.C LXI.*

932. — LESAGE. — **Atlas** historique, chronologique, géographique et généalogique, avec corrections et additions. 1 grand vol. cartonné avec un grand nombre de cartes coloriées. A *Florence,* 1805.

933. LA FONTAINE. — **Contes et nouvelles** en vers. 1 ouvrage broché en 2 vol. orné de très belles gravures. *Amsterdam,* 1776.

934. **L'habit de cour** ou le moraliste de nouvelle étoffe. 1 ouvrage en 3 vol. brochés. *Paris,* 1815.

935. M. DE FERRIÈRES. — **Saint-Flour et Justine** ou histoire d'une jeune française du XVIII siècle avec un dialogue sur le caractère moral des femmes. 1 ouvrage en 4 vol. cartonné. *Paris,* MDCCXCI.

936. RABAN. — **L'Orpheline de Quatre-vingt-treize.** 1 ouvrage en 3 vol. brochés. *Paris,* 1832.

937. **Mémoires de Versorand.** 1 ouvrage en 3 vol. reliés veau. A *Amsterdam.*

938. **Marianne** ou la nouvelle Paméla, histoire véritable traduite de l'anglais, enrichie de figures en taille-douce. 1 ouvrage en 2 vol. cartonnés. *Rotterdam,* 1765.

939. JAMES BERESFORD. — **Les misères de la vie humaine** ou les gémissements et soupirs, etc, etc., traduction libre de l'anglais par Théodore-Pierre Bertin, ornée de figures en taille-douce et en bois. 1 ouvrage en 2 vol. brochés. *Paris,* 1814.

940. HUGUES-MILHOT. — **Le troubadour en démence** ou les folies amoureuses, romanesques et merveilleuses de Gaspard de Langoroso. 1 ouvrage en 4 vol. brochés avec figures. *Paris,* 1825.

941. COLLIN DE PLANCY. — **Mémoires d'un vilain du XIVe siècle,** traduit d'un manuscrit de 1369. 1 ouvrage en 2 vol. brochés. *Paris,* 1820.

942. Mlle DE SOMMERY. — **L'oreille,** conte asiatique. 1 ouvrage en 3 volumes reliés veau. *Paris,* 1789.

943. **Maître Pierre** ou jeunesse et folle, histoire plus que véritable. 1 ouvrage en 3 vol. brochés. *Paris,* 1803.

944. **Le décaméron de Boccace.** 2 ouvrages complets brochés sans gravures.

945. **Contes à rire** ou récréations françaises, nouvelle édition corrigée et augmentée. 1 ouvrage en 3 vol. brochés. *Paris,* 1769.

945 *bis.* D° 1 ouvrage en 2 vol. reliés veau. *Amsterdam,* 1773.

946. RABAN. — **Le valet du diable.** 1 ouvrage en 4 vol. brochés. *Paris,* 1838.

947. BOUTARD. — **Mon cousin Nicolas** ou les dangers de l'immortalité. 1 ouvrage en 4 vol. brochés. *Paris,* 1808.

948. ERNEST DUTOUQUET. — **Occiput et Sinciput,** roman phrénologique. 1 ouvrage en 4 vol. brochés *Paris,* 1837.

949. DE GRÉCOURT. — **Œuvres complètes.** 2 ouvrages en 8 vol. brochés. *Luxembourg,* 1802.

950. Mme LA COMTESSE DE BRADI. — **Colona** ou le beau seigneur, histoire corse du Xe siècle, orné de 4 gravures. 1 ouvrage en 2 vol. brochés. *Paris,* 1825.

951. **Les mille et un guignons** ou l'homme qui a renoncé à tout. Roman philosophi-tragi-comique. 1 ouvrage en 2 vol. cartonné. *Paris,* 1807.

952. M. DE LA DIXMERIE. — **Contes philosophiques et moraux.** 1 ouvrage en 2 vol. reliés veau. A *Londres,* 1765.

953. M. PAUL D*** DE P. — **Dictionnaire de l'ancien régime et des abus féodaux.** 1 vol. broché. *Paris,* 1820.

954. BILDERBECK. — **Sophie de Listenai** ou aventures d'une émigrée française en Allemagne et en Prusse. 1 ouvrage en 4 vol. brochés. *Paris,* 1807.

955. **Choix de poésies légères,** contenant les quatre heures de la toilette des dames, poème, etc., etc. 1 vol. broché. *Nyon en Suisse,* 1783.

956. M. ***. — **Le Repentir des Amans.** 1 vol. broché. *Amsterdam,* 1766.

957. LE S. L.-R. — **Le Romus françois** ou les avantures divertissantes du duc de Roquelaure. 1 vol. demi-reliure. A *Cologne,* 1762.

958. **Saroutaki et Alibek,** histoire traduite du persan. 1 vol. demi-reliure. A *Lorient,* 1752.

959. **L'Art de rendre les Femmes fidèles,** 1 vol., demi-reliure. *Paris,* 1779.

960. **Mémoires de M. de Volari.** ou l'Amour volage et puni, 1 vol. demi-reliure. A *La Haye,* MDCCXLVI.

961. **Sainte-Hélené et Monrose,** ou les Aventures aériennes, histoire véritable. 1 vol. cart. *Paris,* an VII.

962. Un Menteur. — **La Véridique,** ou Mémoires de M. de Fillerville, histoire véritable par un Menteur. 1 vol. relié veau. A *Paris,* 1769.

963. ALFONSE RASTOUL. — **Les Manteaux-Rouges,** épisode des Guerres de la Révolution, 1793 et 1794, 1 vol. demi-reliure, *Avignon,* 1831.

964. M. N***. — **Les Mille-et-Une Folies,** conte français, 1 ouvrage en 4 volumes brochés. *Amsterdam,* 1771.

965. Les Nuits anglaises, ou Recueil de traits singuliers, d'anecdotes, d'événements remarquables, etc., etc. A *Paris*, 1771.

966. M. Duteil. — **L'Histoire des Empereurs romains,** avec leurs portraits en taille-douce, écrit en latin par Suétone et traduit par Duteil. *Paris*, 1661. 1 vol. relié veau brun.

967. J. Lafitte. — **Mémoires de Fleury,** de la Comédie-Française, de 1756 à 1789. 1 vol. cart. *Paris*.

968. Billiard. — **Dictionnaire élémentaire de Botanique,** tant français que latin, 10 grandes planches coloriées au pinceau. Un ouvrage en 3 volumes reliés en veau. *Nuremberg*, 1785.

969. Il Pecorone di ser Giovani Fiorentino nel quale si contengono cinquanta. Novelle Antiche. Belle d'invenzione e di stile. Un ouvrage en 2 volumes reliés veau, avec portrait. *Milano*, Anno 1804.

970. Freetown, 1875. — **Dictionnaire érotique moderne,** par deux Professeurs de langue verte, 3e édition dans laquelle on a refondu la 1re et la 2e et que l'on a augmentée d'environ sept à huit cents termes nouveaux puisés dans les meilleurs auteurs érotiques anciens et modernes.

971. La Fausse Clélie, ou Histoires françoises galantes et comiques, 1 vol. relié veau. *Amsterdam*, 1720.

972. M. le chevalier de R. C. D. S. — **Histoires galantes,** nouvelles et véritables. Un ouvrage en 2 volumes, relié veau. *Amsterdam*, 1720.

973. Le Palais des Curieux, auquel sont assemblées plusieurs diversités pour le plaisir des doctes et le bien de ceux qui désirent savoir. 1 vol. broché, 1612.

974. Lettres cabalistiques, ou correspondance philosophique, historique et critique, etc., etc. Un ouvrage en 6 vol., reliés veau. A *La Haye*, MDCCXLI.

975. Les Œuvres du sieur Rousseau, contenant ses poésies. Un ouvrage relié veau. A *Rotterdam*, 1712.

976. L'Aventurier Hollandois, ou la Vie et les Aventures di ertissantes et extraordinaires, avec figures. Un ouvrage en 2 volumes, broché. *Amsterdam*, 1767.

977. Nicolas Venette. — **Tableau de l'Amour conjugal,** orné de 12 gravures. Un ouvrage en 2 volumes, broché. *Paris*, 1814.

978. Les Erreurs d'une Jolie Femme, ou l'Aspasie françoise. 1 vol. relié veau. *Paris*, 1781.

979. Honni soit qui mal y pense, ou Histoire des Filles célèbres du XVIIIe siècle. Un ouvrage en 3 volumes, cartonné. *Londres*, 1766.

980. Jacob. — **Les Deux Fous.** histoire du temps de François Ier, 1524. 1 volume cartonné. *Paris*, 1830.

981. Suzette et Perrin, ou les Dangers du Libertinage. 1 volume relié veau, *Londres*, 1778.

982. Grosse. — **Chlorinde,** nouvelle espagnole tirée des papiers de don Juan de B., traduite de l'allemand par D. A*** de R***, officier prussien, 1 vol. cartonné. *Nuremberg*, 1804.

983. Raban. — **Mon Cousin Mathieu,** 1 vol. cart. *Paris*, 1824.

984. Raban. — **La Jeunesse d'un grand Vicaire,** un ouvrage en 3 volumes brochés, *Paris*. 1832.

985. Belfond et Sophie, ou les suites de l'inexpérience. Un ouvrage en 2 volumes brochés. *Paris*, 1813.

986. Henry-Lafosse. — **Agnès Sorel.** Un ouvrage en 3 volumes brochés. *Paris*, 1844.

987. Le Balai, poème héroï-comique en 18 chants. Un ouvrage en 1 volume broché. *Constantinople*, 1774.

988. De Grécourt. — **Œuvres complètes,** avec figures. Un ouvrage en 2 volumes reliés veau. *Amsterdam*, 1772.

989. L'Ane d'or d'Apulée, philosophe platonicien., avec le Démon de Socrate, traduits en françois avec des remarques. Un ouvrage en 2 volumes reliés veau. *Paris*, 1736.

990. Le baron de B***. — **Pauline et Fanchette,** ou Mémoires d'un Champenois, un ouvrage en 4 volumes cartonnés. *Paris*, 1829.

991. Un Auteur suivant l'Armée. — **L'Académie militaire,** ou les Héros subalternes, un ouvrage en 2 volumes brochés. *Amsterdam*, 1777.

992. Raban. — **Le Prisonnier,** un ouvrage en 2 volumes cartonnés. *Paris*, 1826.

993. Pavillon. — **Los. siete Libros de la Diana de George de Monte-Mayor,** où, sous le nom de bergers et bergères, sont compris les Amours des plus signalez d'Espagne, traduits d'espagnol en français par Pavillon. 1 vol. *Paris*, 1603.

994. Les Facétieuses Nuits du Seigneur Straparole, un ouvrage en 2 volumes cartonnés. 1726.

995. J.-A.-S. Collin de Plancy. — **Mémoires d'un Vilain du XIVe Siècle,** traduit d'un manuscrit de 1369. Un ouvrage, 2 vol. cart. *Paris*, 1820.

996. L'Hirondelle de carême ou le pouvoir de l'Amour, 1 vol. relié veau. *Paris*, 1771.

997. De Grécourt. — **Œuvres complètes.** Nouvelle édition. Un ouvrage en 4 vol. brochés. *Paris*, 1810.

998. Caji Suetonii tranquilli Opera et in illa Commentarius. Samuelis Pitisci, in quo Antiquitates Romanæ, etc., etc. Un ouvrage en 2 vol. relié veau.

999. Sainte-Croix Ajpot. — **Les Mille et un jours.** Contes persans, turcs et chinois, augmentés de nouveaux Contes traduits de l'arabe. Edition illustrée, 1 vol. cartonné, doré sur tranches. *Paris*.

1000. Louis Reybaud. — **Jérome Paturot** à la recherche d'une position sociale. Edition illustrée par Granville, 1 vol. demi-reliure. *Paris*, 1846.

1001. Et. Simon. — **Traduction en prose et imitation en vers.** nouvelles et complètes avec texte latin en regard des épigrammes de M. Val. Martial. Un ouvrage en 3 vol. brochés. *Paris*.

1002. César Oudin. — **Tesoro de Las dos Lenguas francesa y espanola.** Thrésor des devx langves francoise et espagnolle, 1 vol. relié veau. *Paris*, 1607.

1003. Blanchet de Falcourt. — **Le petit-neveu de Boccace** ou contes nouveaux en vers, nouvelle édition revue, corrigée et augmentée de deux volumes, 1 vol. cart. *Amsterdam*, 1787.

1004. LOUVET. — **Histoire du Chevalier de Faublas,** précédé d'une notice historique sur sa vie. Un ouvrage 2 vol. brochés, nombreuses figures. *Paris,* 1834.

1005. GORANI. — **Mémoires secrets** et critiques des Cours, des Gouvernements et des mœurs des principaux Etats de l'Italie. Un ouvrage en 3 vol. reliés veau. *Paris,* 1793.

1006. DUFOUR. — **Histoire de la Prostitution** chez tous les peuples du monde, Un ouvrage en 8 vol. brochés. *Bruxelles,* 1861.

1007. RÉTIF DE LA BRETONNE. — **Le Paysan perverti** ou les dangers de la ville. Un ouvrage en 4 vol. brochés. A *La Haye,* 1776.

1008. RÉTIF DE LA BRETONNE. — **La Vie de mon Père.** Un ouvrage en 2 vol. brochés. A *Neuchâtel,* 1779.

1009. DURDENT. — **Mémoires de Saint-Félix** ou aventures d'un jeune homme pendant la Révolution. Un ouvrage en 3 vol. brochés. *Paris,* 1818.

1010. DE BOISSI. — **Histoire des Amours de Louis XIV,** roi de France. Orné de cinq portraits. Un ouvrage en 5 vol. brochés. *Paris,* 1808.

1011. GUÉRIN. — **L'Imprimeur.** Mœurs populaires. Un ouvrage en 5 vol. brochés. *Paris,* 1832.

1012. **Œuvres choisies de Parny,** précédées d'une notice historique sur sa vie. Un ouvrage en 2 vol. broché. *Paris,* 1826.

1013. Mᵐᵉ ELISE VOÏART. — **La Femme** ou les six amours. Un ouvrage en 7 vol. cart. *Paris,* 1828.

1014. M. le baron de B***. — **L'Ecolier de Brienne** ou le chambellan indiscret. Mémoires historiques et inédits. Un ouvrage en 3 vol. brochés *Paris,* 1818.

1015. **Œuvres de Rousseau,** nouvelle édition. Un ouvrage en 2 vol. brochés. *Londres,* 1781.

1016. Mᵐᵉ **. — **La Gageure dangereuse,** Imitation de l'allemand, 1 vol. demi-réliure. *Paris,* 1798.
1 vol. demi-reliure. *Paris,* 1802.

1017. **Histoire de Robert le Diable,** duc de Normandie et de Richard Sans Peur son fils. Un ouvrage, 2 vol. demi-reliure. *Paris,* 1769.

1018. MAXIMILIEN PERRIN. — **La Grisette parvenue,** 1 ouvrage en 2 vol. cart. *Paris,* 1847.

1019. **Relation véridique** qui a l'air d'un Songe, 1 vol. relié veau. *Genève,* 1779.

1020. M. A. G. — **M. Bizarville** ou les Travers de l'Esprit, 1 ouvrage en 2 vol. cart. *Paris,* 1821.

1021. M. B**. — **Recueil de Poésies,** 1 vol. relié veau. *Genève,* 1756.

1022. TOUCHARD LAFOSSE. — **Les Réverbères,** Chronique de nuit du Vieux et du Nouveau Paris, 1 ouvrage en 6 vol. cart. *Paris,* 1844.

1023. — NOUGARET. — **La Paysanne pervertie** ou les mœurs des grandes villes, 1 ouvrage en 4 vol. cart. 1777.

1024. **Le Petit Neveu** de Vadé, 1 vol. cart. **L'Ecuelle** (Poèmes et Chansonnettes). 1791.

1025. PALISSOT DE MONTENOY. — **Les Philosophes,** Comédie en trois actes, en vers, 1 vol. demi-reliure, *Paris,* 1760.

1026. **Les Partisans Demasquez,** Nouvelle plus que galante divisée en 4 parties en un vol. relié veau. *Cologne,* 1710.

1027. FRÉMONT. — **Le Songe de Boccace,** traduit de l'italien en français, seconde édition revue et corrigée, 1 vol. relié veau. *Amsterdam,* 1702.

1028. **Œuvres badines d'Alexis Piron,** Edition de luxe, 1 exemplaire broché, *Paris,* 1834.

1029. **Nouvelles** en vers, 1 vol. broché. *Philadelphie,* 1779.

1030. **Le Petit Charles** ou les Aventures du Neveu de mon oncle, 1 vol. cart. avec gravure, *Paris,* 1804.

1031. THÉOPHILE GAUTIER. — **Celle-ci et Celle-là,** nouvelle Edition, 1 vol. cart. *Lucerne,* 1864.

1032. **Mémoires de Madame la Marquise de Fresne,** 1 vol. broché. *Amsterdam,* 1757.

1033. RALPH. — **Candide** ou l'Optimisme, traduit de l'allemand, 1 vol. broché. 1759.

1034. HALBERT D'ANGERS. — **Le Grand-Livre des Secrets éprouvés.** Recueil complètement inédit, ouvrage compulsé, annoté et mis en ordre, 1 vol. broché. *Paris,* 1857.

1035. FÉNÉLON. — **Aventures de Télémaque,** Edition collationnée sur les trois manuscrits connus à Paris, 2 ouvrages en 2 vol. chacun cart. avec le portrait de l'auteur. *Paris,* 1820.

1036. VICTOR DUCANGE. — **Marc-Loricot** ou le Petit Chouan de 1830. Un ouvrage du 6 vol. cart. *Paris.* 1830.

1037. **Madame de M**** ou la Rentière, seconde édition revue et corrigée. Un ouvrage en 4 vol. cart. *Paris,* 1803.

1038. L'auteur du Marchand Forain. — **Le Valet de Circonstance** ou le Panorama de quelques maisons de Paris vues dans l'intérieur. 1 ouvrage en 4 vol. brochés. *Paris,* 1817.

1039. SABATIER DE CASTRES. — **Le Décameron de Boccace,** traduction nouvelle. Contes et Nouvelles en vers, 1 ouvrage en 6 vol. brochés. *Paris,* 1810.

1040. FRANKLIN. — **Les Rues et Cris de Paris** au XIIIᵉ siècle. 2 vol. brochés. *Paris,* 1874.

1041. DE GRÉCOURT. — **Contes et poésies libres.** 1 vol. broché. *Londres,* 1797.

1042. **Guéres de Trois,** 1 vol. broché. *Paris,* année de la grande omelette mille huit cents d'œufs.

1043. **Mapiæ sibillæ** Morian Dissertatio de generatione et Metamorphosibus insectorum surinamensium in qua, præter Vermes et Erucas surinamenses, farumque admirandam Metamorphosii, plantæ, flores et fructus, quibus vescuntur et in quibus fuerunt inventæ, exibentur, etc., etc.. *Amstelœmi,* cIↃIↃCCXIX. 1 grand in-folio.

1044. ALCIPHRON. — **Lettres greeques,** ou anecdotes sur les mœurs et les usages de la Grèce, traduites pour la première fois en français, avec des notes historiques et critiques. 3 vol. brochés. *Paris,* 1785.

1045. RABAN. — **Le Séminariste,** 4 vol. brochés. *Paris,* 1831.

1046. **Mémoires de Mᵐᵉ de Warens,** suivis de ceux de Claude Anet, pour servir d'apologie aux confessions de J.-J. Rousseau. 1 vol. broché. *Chambéry.*

1047. BATAILLE et RASETTI. — **Les Drames de village**. Antoine Quérard. 2 vol. brochés. *Paris*, 1862.

1048. COMMIERS. — **Pratique curieuse** ou les oracles des Sibylles sur chaque question proposée. 1 vol. relié veau. *Paris*, MDCXCVIII.

1049. **Psaphion** ou la Courtisane de Smirne, où l'on a joint les Hommes de Prométhée. 1 vol. demi-reliure. A *Londres*, MDCCXLIX.

1050. RABAN. — **Jules le Rouge**, ou le Clerc d'Huissier. 4 vol. cart. *Paris*, 1835.

1051. LUDWIG DE SABAROTH. — **Antonie**, ou les malheurs d'une invasion. 3 vol. brochés. *Paris*, 1823.

1052. **Le Cœur**, ou mémoires du chevalier de V***. 1 vol. broché. *Amsterdam*, 1771

1053. **Œuvres de maître François Rabelais**, publiées sous le titre de faits et dits du géant Gargantua et de son fils Pantagruel. Nouvelle édition augmentée de quelques remarques nouvelles. 5 vol. reliés veau. 1732.

1054. **Contes de la Fontaine**. Edition dite des Fermiers généraux. 2 vol. in-8° avec 84 planches en taille-douce dessinées par Eisen, gravées par Longueil. Ces magnifiques planches, chef-d'œuvre du XVIIIe siècle, méritaient d'être restaurées et publiées. Les plus beaux culs-de-lampe de cette même édition sont reproduits sur bois et tirés avec le texte. 50 exemplaires in-8° carré papier vélin à la forme, figures avec l'encadrement des Fermiers généraux.

1055. **Deux en-têtes gravées sur acier** pour les contes de la Fontaine, la Joconde et les Oies du père Philippe, gravés par Fesquet.

1056. **Le Joconde** et les Oies du père Philippe, pour les contes de la Fontaine. 150 pièces de chaque, par Fisquet, papier Chine.

1057. LA FONTAINE. — **Quatre-vingt-quatre planches** en taille-douce, dessinées par Eisen, gravées par Longueil, 8 exemplaires complets.

1058. D°, 5 exemplaires complets sur Chine.

1059. D°, 48 exemplaires incomplets.

1060. **Paysans, Paysannes pervertis réunis**, 114 vignettes complètes.

1061. RÉTIF DE LA BRETONNE. — 4 vignettes, L'année des Dames nationales. — 8 vignettes, le Quadragénaire. — 90 vignettes, Nuits de Paris. — 50 vignettes, Paysan, Paysanne pervertis. — 29 vignettes, Paysan, Paysanne pervertis. — 6 vignettes, les Françaises. — 2 vignettes, les Parisiennes. — 15 vignettes, les Françaises. — 32 vignettes, les Contemporaines. — 27 vignettes, Paysan, Paysanne pervertis réunis. — 21 vignettes diverses, Paysan, Paysanne pervertis réunis (ce lot sera divisé).

1062. **Cinquante et une vignettes** pour les Douze Césars, 10 exemplaires en noir.

1063. D°, 6 exemplaires sanguine.

1064. **Cinquante et une planches** gravées acier, pour les Douze Césars,

1065. **Vingt-quatre vignettes** dont deux portraits, pour la Pucelle d'Orléans, gravées par Mansion, 25 exemplaires.

1066. **Vingt-quatre planches** dont deux portraits, gravées sur cuivre pour la Pucelle d'Orléans.

1067. **Les Aventures du Gourou de Paramarta**, 1 exemplaire peau vélin de veau 1er choix, in-4 carré.

1068. **Manuscrit**, les Solutions conjugales, par Auguste Saulière, avec 60 dessins à mi-pages de Ludovic Mouchot.

1069. LA FONTAINE. — Edition des **Fermiers généraux**, 18 vol. du Tome second.

1070. Un fort lot de **Vignettes** de La Fontaine (sera divisé en lots).

1071. SABATIER DE CASTRES. — **Le Décaméron de Bocace**, traduction nouvelle augmentée de divers contes et nouvelles en vers, 11 vol. brochés. *Paris*, 1801.

1072. LA FONTAINE. — **Contes et nouvelles** suite de 75 gravures et portraits, dessinés par Desenne, Desrais, Chasselat, 75 exemplaires. *Paris*, 1820.

1073. M. DE V***. — **Lettre philosophique** avec plusieurs pièces galantes et nouvelles de différents auteurs. Nouvelle édition, augmentée de plusieurs pièces, 1 vol. br. *Londres*, 1776.

1074. BERNARD. — **L'art d'aimer**, poème en trois chants, 1 vol. broché. *Paphos*, 1775.

1075. **Le Parc aux Cerfs** ou l'Origine de l'affreux Déficit, seconde édition, 1 vol. broché, 1790.

1076. VICTOR DUCANGE. — **Ludovica**, ou le Testament de Waterloo, 6 vol. cart. *Paris*, 1800.

1077. RABAR. — **Le Comte Ory**, 2 vol. br., cart. *Paris*, 1838.

1078. RABAN. — **Le Valet du Diable**, 4 vol. brochés. *Paris*, 1838.

1079. **Le Chansonnier François**, ou Recueil de Chansons, Ariettes, vaudevilles et autres couplets choisis. 1760.

1080. PHILOMNESTE JUNIOR. — **Quelques Contes du Pogge**, traduits pour la première fois en français. 1 vol. broché. *Genève*, 1868.

1081. **Erotopæguion**, sive priapeia veterum et recentiorum. Veneri jocosae sacrum, 1 vol. demi-reliure. *Paris*, 1798.

1082. **Biographie sacrée**, ou histoire des Personnages cités dans l'ancien et le nouveau Testament, 1 vol. br. *Paris*, 1844.

1083. **Les petits Neveux de Gallion**, illustré, par A. Girousi, Belhomme. Juassi. *Paris*, 1845.

1084. MASSE. — **Amours et Intrigues des Prêtres français** depuis le XVIIIe s., jusqu'à nos jours, etc., etc. 1 vol. broché, 1837.

1085. **Poésies badines et galantes**, 1 vol. broché. *Londres*, 1757.

1086. **La Polka** enseignée sans maîtres, ornée de 20 grandes vignettes, par Geoffroy, 1 vol broché.

PLANCHES GRAVÉES, ACIERS, CUIVRES

CLICHÉS

1087. Planches sur cuivre pour l'œuvre originale de Vivant-Denon, 317 planches.

1088. Soixante-quinze Planches gravées sur acier pour les petits Conteurs de La Fontaine.

1089. Quinze Planches gravées sur acier La Rapinéïde.

1090. Dix Petits Clichés et un grand pour couvertures pour La Rapinéïde.

1091. Dix-neuf Bois et Cuivres pour Le Tasse.

1092. Seize Titres et Vignettes gravés sur cuivre pour l'Histoire de Gil-Blas de Santillane. La Princesse de Clèves, par M. de Lafayette. Les Amours de Blanche Bazu et de Pierre-le-Long. Mémoires du Chevalier de Gramont, par Hamilton. Lettres de Fanny Butlerd, par Ricorboni. La Chaumière indienne, par Bernardin de St-Pierre. Lettres d'une Péruvienne, par Mme de Graffigny. Le Siège de Calais, par Mme de Tincin. La Dot de Suzette, par Hiévée. Histoire du petit Jehan, par Tressan.

1093. Dix Planches gravées sur cuivre pour le Don Quichotte.

1094. Deux Alphabets complets, gravés sur cuivre. Carron.

1095. Dix-sept Bois pour l'Eloge du Sein des Femmes.

1096. RACINE. — **Treize Planches** gravées sur cuivre, 12 pour le Théâtre, dessin de Lebarbier, 1 Portrait de Santerre, gravé par Gaucher.

1097. Dix-sept Clichés en galvanoplastie pour le premier volume du Caron.

1098. Bois des deux Alphabets qui ont servi au quatrième volume du Caron, le Plat de Carnaval.

1099. Alphabet de l'Imperfection et Malice des Femmes. **Quarante Planches** gravées sur cuivre.

1100. Dix-neuf Planches ou Portraits gravés sur cuivre. Racine, d'après Rigaud. Clément Marot. Chapelle en Médaillon. Voiture. Fontenelle. Françoise d'Aubigné. Marquise de Maintenon. Ronsard. Frédéric, roi de Prusse. Corneille. Deshoulières. Lemoine. Madame Louise-Marie de France. Scévole de Sainte-Marthe. Massillon. Patrem omnipotentem. De Bernis. Gilbert. Du Bartas. Joseph Hyacinthe de Guigné. Georges Garnier.

1101. Nouvel Agenda pour les douze mois de l'année. Deux jeux de six planches pour faciliter le tirage, gravées sur cuivre. Orné de douze vignettes gravées par Duplessis Bertaux. A Paris, chez les principaux papetiers de Paris, 1858.

1102. Amiraux de France. **Dix-sept Planches** dessinées par Graincourt, gravées sur cuivre par Hubert. Le Maréchal d'Estrées. Le Comte de Toulouse. Le Chevalier de la Roche de Saint-André. Le Chevalier de Valbelle. Maréchal de Coetlogou. Duguay-Trouin. M. Mahé de la Bourdonnais. Le Marquis de l'Etaudière. Le Duc de Beaufort. M. de la Galissonnière. M. le Comte de Forbin. Le Maréchal de Vivonne. Le Maréchal de Tourville. Marquis Duquesne. Duc de Brezé de Chateauregnaut. Chevalier Jean Bart.

1103. Almanach. **Treize Planches** gravées sur acier, avec frontispice.

1104. Portrait de Didot l'Aîné, gravé sur cuivre.

1105. Vingt-deux Clichés sur bois, pour le Gouron de Paramarta.

1106. Huit Planches gravées sur cuivre, pour les Chansons Laborde.

1107. Dix Planches gravées sur cuivre Lingée, pour Virgile, Géorgiques et Eglogues.

1108. Dix Planches, titre, portraits et huit sujets gravés sur acier, pour le Mérite des Femmes.

1109. Neuf planches gravées sur cuivre, dont quatre au trait de Gerard, cinq de Desenne et Chaudet, pour les Amours de Psyché et de Cupidon.

1110. Trente-cinq Culs-de-Lampe d'Eisein et l'Empreur.

1111. Vingt-sept Clichés sur bois, pour le Gourou.

1112. Dix-sept Planches gravées sur cuivre, pour Monnaies d'Europe et d'Amérique.

1113. Vingt-Six Planches gravées sur cuivre par Gravelot, dont vingt-trois sujets, deux titres, un portrait.

1114. Dix Bois pour le Tournois.

1115. Trente-Quatre Clichés pour le Gourou.

1116. Soixante-douze Clichés du Moyen de parvenir. Portraits de 1 à 35 et de 36 à 71 en deux paquets.

1117. Quarante-Quatre Clichés pour le Gourou, en deux paquets.

1118. Neuf Planches gravées sur cuivre, tête de page, gravées par Eisen.

1119. Onze Planches gravées sur acier, par Henri Somin, pour Cocottes et Gandins.

1120. Douze Planches gravées sur cuivre pour Tomes Jônes.

1121. Vingt-trois sujets divers gravés sur cuivre, dont plusieurs de la Galerie théâtrale.

1122. Trois Planches gravées sur cuivre pour le Gourou.

1123. Douze Planches gravées sur acier pour Monuments et Vues de ville.

1124. Trente-deux Bois rentrant dans le 2e volume des Pièces rares et curieuses.

1125. Dix Clichés pour le Gourou.

1126. La Neuvaine de Cythère, gravure sur acier.

1127. Neuf Planches gravées sur cuivre, d'après Devéria, pour satire Ménippée.

1128. Quatorze Planches gravées sur cuivre pour les petits Romains Grecs.

1129. Dix Bois pour le 1er volume du Corou.

1130. Cinq Planches gravées sur acier pour Faublas.

1131. Neuf Aciers : 1° Portrait d'Eugène Guinot; 2° Vue de Strasbourg; 3° Vue de Mayence; 4° Vue de Francfort; 5° Vue de Cologne; 6° Vue de Bâle; 7° Vue d'Oberveisel; 9° Vues de Bacharach et du fort de Magdebourg.

1132. Trois Planches tête de page gravées sur cuivre pour Molière de Bret.

1133. Trois Planches de Moreau gravées sur cuivre par Simonet et de Gendt pour la Jeunesse de Werther.

1134. Cinq Planches gravées sur cuivre, dont trois du Régent, pour Daphnis et Chloé.

1135. Deux Planches gravées sur cuivre pour Rétif de la Bretonne, et les Nuits de Paris.

1136. Quatre Planches d'Esen gravées sur cuivre pour Petit neveu de Bocace.

1137. Quatre Planches gravées sur acier pour Création du monde.

1138. Six Planches gravées sur cuivre par Boucher pour les Contes de La Fontaine.

1139. Cent quarante-cinq Planches gravées par Prud'hon de la Galerie Théatrale, Portrait en pied des principaux acteurs et actrices qui ont illustré la scène française depuis 1552 jusqu'à nos jours.

1140. Sept Planches gravées sur cuivre : Louis XIV, Massillon, Buffon, Louis XIV, Lesage, J.-B. Rousseau, La Fontaine.

Huit Planches gravées sur cuivre : Portrait de la Pologne, Voltaire écrivant, Lafontaine lisant ses fables, La Fontaine d'après Lebrun, gravé par Pauquet, La Fontaine, Dulaure, Mme de la Sablière, d'après Tony Johannot.

1142. — Sept Planches gravées sur acier, Grétry, Flavie Rochelle, Méhul, Antoinette Grétry, Racine, Auber, Sedaine.

1143. — Quatre Planches gravées sur cuivre pour les quatre Saisons.

1144. — Trente Planches gravées sur cuivre par Boquay, Devaux, etc., etc., pour Histoire romaine.

Huit autres Pièces dont un en-tête avant la lettre.

1145. — Treize Planches gravées sur cuivre pour le Gourou.

1146. — Dix-huit Planches gravées sur cuivre, au trait.

1147. — Quarante-deux Planches gravées sur acier, sujets divers et Portraits.

1148. — Dix-sept Planches gravées sur acier, pour le Gourou.

1149. — Seize Planches gravées sur acier, sujets de genre pour Traicté des Tournois, avec titre.

1150. — Dix-huit Portraits gravés sur acier par James Hopwod, Albert Boguslawski, Thade Kosciuszko, etc., etc.

1151. — Onze Planches gravées sur acier pour Paul et Virginie, dont deux Portraits.

1152. — Vingt-cinq Planches gravées cuivre pour Souvenir d'une excursion pittoresque dans le Quercy, par Forest de Lemps.

1153. — Cent quarante-quatre Portraits gravés sur cuivre des acteurs et actrices qui ont illustré la scène française depuis 1552 jusqu'à nos jours. Les Portraits sont gravés en pied pour la Galerie théatrale.

1154. — Trente-cinq Pièces Clichés divers.

1155. — Vingt-cinq Pièces Clichés divers.

1156. — Trente et un Bois pour le Plat de Carnaval.

1157. — Trente et un Bois pour du Caron.

1158. — Environ Quatre-vingts Clichés bois pour le Moyen de parvenir.

1159. — Cent Clichés bois environ pour Vues de Paris et sujets galants.

1160. — Soixante Clichés bois, sujets divers et galants.

1161. — Deux Titres sur cuivre, de style gothique et de la Renaissance.

1162. — Quarante Clichés bois et cuivre, sujets galants.

1163. — Neuf Clichés de bois à lettres curieuses.

1164. — Six Médaillons d'Eisen dont quatre appartenant au Grécourt de 1764.

1165. — Sept Planches gravées sur cuivre et acier, dont une de Duplessis Bertaux. Deux Titres Solutions conjugales et vignettes diverses.

1166. Vingt-cinq Portraits gravés sur cuivre et acier : Passerar, Mme de Maintenon, Racau, Mellin de Saint-Gelais, Sarrasin, Boileau, Fénelon, Racine, Léon Plée, Maynard, Davi, Duperron, Charles IX, Larochefoucauld, La Chaussée, Scarron, Le Grand Condé, Lavalière, etc.

1167. Cinq Planches gravées sur cuivre. Scènes chinoises.

1168. Treize Planches cuivre et acier. La Sagesse des Trois Livres, par Pierre Charron; L'Ami des Enfants. Le Quadragénaire, Portrait de la Guerin, etc., etc.

1169. Deux Encadrements sur cuivre.

1170. Huit Planches gravées, cuivre, acier et zinc, Portraits et sujets divers.

Quatre Planches sur acier, contenant huit portraits : Jean III, Sobieski, Charles XII, roi de Suède, Malachaweski, Napoléon à Tilsitt. Revue.

1171. Quatre Planches gravées cuivre et acier. Un titre, sujet religieux, par Seguenot. Romulus. Portrait de la Pologne. Maison de La Fontaine, à Château-Thierry, d'après Lemaitre.

1172. Deux Planches gravées sur cuivre, sujets religieux, par Geoffroy.

1173. Treize Vues de ville gravées sur acier, gravées par Rouargue frères, et divers.

1174. Douze Planches gravées sur acier et cuivre Sujets religieux, vignettes et titres.

1175. Une Planche gravée sur cuivre, pour le Bouclier d'Achille, d'après la description d'Homère.

1176. Quatorze Planches gravées sur cuivre et acier. Voltaire écrivant la Pucelle. Maison de La Fontaine à Château-Thierry, Maison où est né La Fontaine, Un titre pour les Contes de La Fontaine, La Fontaine, Voltaire à 25 ans, Apothéose d'Henri IV, l'abbé Prévost en médaillon, Pascal, Montesquieu, Fénelon, Larochefoucauld, Gresset, Boileau.

1177. **Douze Planches** sur acier. Nicolas Boileau, Despreaux, Bohdan Zaleski, Mme Belmont, Mme Dugazon, Claudine Potocka, Mme Talma, Mme Elisabeth de France, Louise Coutat, Eugénie Revel, Hélène Ostrorog, Voltaire socle.

1178. **Deux Planches** gravées sur cuivre. Types de diverses physionomies, genre Hogarth.

1179. **Trois Planches** gravées, sur cuivre, sujets gracieux.

1180. **Vingt planches** gravées cuivre et acier, titres, bouquets de fleurs, Encadrements, Chansonnier des Dames. Lettre ornée gravée, par Cathelain, dessin de Gilbert, Sujets religieux sur zinc, puis sujets gracieux.

1180 bis. **Deux Planches** gravées sur cuivre, Portraits.

1181. Un fort lot **Planches** cuivre et acier, pour graver.

LIVRES

(Suite).

1182. **Catalogue mensuel** de livres rares et curieux, 1 vol. broché. *Paris*, 1858.

1183. Abbé DUBOIS. — **Mœurs, Institutions et Cérémonies des peuples de l'Inde.** 2 vol. brochés. 1825.

1184. **Le Palais-Royal**, les Filles de l'allée des Soupirs, 3 vol. brochés. *Paris*, 1790.

1185. LARCHERS. — **La Femme jugée par l'homme**, documents pour servir à l'histoire morale des femmes. etc., 1 vol. broché. *Paris*, 1858.

1186. RABAN. — **La Vie d'une jolie femme.** — 2 vol. cart. *Paris*, 1831.

1187. **Déjeuners des Garçons de bonne humeur.** — 1 vol. cart. *Paris*, 1802.

1188. **Les Quatre Cousins,** et l'Inventaire d'un mauvais riche, 3 vol. cart. *Paris*, an VIII.

1189. MANUEL. — **Les Réfugiés Polonais,** ou tout pour l'Amour et la Beauté, 3 vol. cart. *Paris*, 1820.

1190. **Le Cabinet satyrique,** ou recueil parfait des vers piquants et gaillards de ce temps, tiré des secrets cabinets, 1 vol. broché. 1864.

1191. DESFORGES. — **Les Mille et un Souvenirs,** ou les Veillées conjugales, 5 vol. brochés et reliés. *Paris*, 1839.

1192. Le C. D. J. — **Bibliographie des ouvrages relatifs à l'amour,** aux femmes, au mariage, et des livres facétieux, pantagruéliques, etc., 1 vol. broché. *San-Remo*, 1873.

1193. FAVROLLE. — **Mémoires historiques** de Jeanne Gomard de Vaubernier, comtesse Dubarry, dernière maîtresse de Louis XV, 4 vol. brochés. *Paris*, 1803.

1194. VENETTE. — **Tableau de l'Amour conjugal,** orné de douze gravures, 2 vol. brochés. *Paris*, 1818.

1195. LAMARTELIÈRE. — **Alfred et Liska,** ou le Hussard parvenu, roman historique du XVIIe siècle, 4 vol. brochés. *Paris*, 1804.

1196. PAGÈS. — **Amour, Haine et Vengeance,** ou histoire de deux illustres maisons d'Angleterre, 2 vol. brochés. *Paris*, an VII.

1197. MASSE. — **Ginetta Baldini,** ou les Deux Moines, 2 vol. brochés. *Paris*, 1809.

1198. **La Raison en délire,** ou les Sages du Siècle, 3 vol. reliés veau. *Amsterdam*, 1769.

1199. NOGARET. — **Contes en vers.** — 2 vol. cart. *Paris*, 1810.

1200. **Lettres Athéniennes,** extraites du portefeuille d'Alcibiade, 4 vol. relié veau. *Londres*, 1771.

1201. SARRASIN. — **La Fatalité des Ressemblances.** — Roman historique orné de gravures, 2 vol. cart. *Paris*, 1804.

1202. **Le Marchand forain et ses Fils,** 4 vol. cartonnés. *Paris*, 1810.

1203. Mme de C***, auteur de Julie, ou J'ai sauvé ma Rose. — **Amélie de Saint-Far** ou la fatale Erreur, 2 vol. brochés. *Hambourg*…

1204. RABAN. — **Jules le Rouge** ou le Clerc d'huissier, 4 vol. cartonnés. *Paris*, 1833.

1205. SYLVAIN MARÉCHAL. — **La Femme abbé,** 1 vol. cartonné. *Paris*, 1801.

1206. CLÉMENT. — **Les cinq Années littéraires** ou Nouvelles littéraires et dramatiques des années 1748, 1749, 1750, 1751, 1752. 4 vol. reliés veau. *La Haye*, 1754.

1207. RABAN. — **La Fille du Commissaire** ou les Suites d'un Duel, 3 vol. cartonnés. *Paris*, 1828.

1208. NOUGARET. — **L'Amante coupable sans le savoir** ou les Amans criminels et vertueux, 2 vol. cartonnés. *Paris*, 1802.

1209. STANISLAS MACAIRE. — **Les Brigands demoiselles,** folie contemporaine, 5 vol. cartonnés. *Paris*, 1831.

1210. JULIEN BRETON. — **La Famille Fitzer** ou le jeune Tartufe, 2 vol. cartonnés. *Paris*, 1803.

1211. **Les Confidences d'une jolie Femme,** 2 vol. reliés veau. *Paris*, 1777.

1212. **L'Infortunée sicilienne,** Histoire et Aventures galantes et tragiques d'Adélaïde de Messine, nouvelle édition ornée de figures en taille-douce, 2 vol. cartonnés. *Paris*, 1768.

1213. **Monsieur de la Poulinière** ou Mémoires d'un Mari comme il y en a tant. 3 vol. cartonnés. *Paris*, 1818.

1214. Zeczeczeb. — **Anecdotes indostanes.** 2 vol. reliés veau. *La Haye*, 1751.

1215. Wilson. — **Le Mousquetaire enlevé** ou la Conjuration des Dames. 3 vol. cartonnés. *Paris*, 1820.

1216. **Histoire du Cœur humain** ou Mémoires du marquis de **, 1 vol. relié veau. *La Haye*, MDCCXLIII.

1217. **La Constance des promptes Amours** avec le Jouet de l'Amour. 1 vol. relié veau. *Paris*, 1733.

1218. **La jolie Femme** ou la Femme du jour, 2 vol. brochés. *Toulouse*, 1776.

1219. **Histoire amoureuses et tragique des Princesses de Bourgogne,** 1 vol. relié veau. *La Haye*, 1720.

1220. **Contes, Anecdotes, Chansons et Poésies diverses** de Capelle. 1 vol. cartonné. *Paris*, 1818.

1221. **Recueil de nouvelles Poésies galantes,** critiques latines et françaises, 1 vol. cartonné. *Londres*...

1222. **Le Petit-Maître philosophe** ou Voyages et Aventures de Genu Soalhat, chevalier de Mainvillers, dans les principales cours de l'Europe. 1 vol. relié veau. *A la Mecque*, 1751.

1223. **Les deux Sœurs.** 1 vol. cartonné.

1224. Pigault-Lebrun. — **Adélaïde de Méran,** 4 vol. brochés. *Paris*, 1815.

1225. **Mital** ou Aventures incroyables. 1 vol. relié veau. *A Paris*, 1768.

1226. **Œuvres de Boileau Despréaux,** avec des éclaircissements historiques donnés par lui-même et rédigés par M. Brossette, nouvelle édition enrichie de figures gravées d'après les dessins du fameux Picart le Romain. 38 ouvrages en 5 vol. brochés. *Amsterdam*, 1772.

1227. Achaintre. — **Satires de Juvénal,** traduites par Dulsaux. 2e édition augmentée de notes et précédée de notices historiques sur la vie de Juvénal et sur celle de Dusaulx. 34 ouvrages complets en 2 vol. brochés. *Paris*, 1836.

1228. **Recueil de poésies galantes,** critiques, latines et françaises. *Londres*.

1229. **Voyages et aventures du chevalier de ***,** en différentes parties de l'Europe jusqu'à son retour en France. 4 vol. brochés. *Paris*, 1776.

1230. **Œuvres mêlées de M. de R. B..** 1 vol. relié veau. *Amsterdam*, 1722.

1231. Daniel Ramée. — **L'Architecture et la construction pratiques** mises à la portée des gens du monde. 1 vol. broché. *Paris*, 1871.

1232. Sabatier de Castres. — **Contes de Bocace,** traduction nouvelle sans figures. 11 vol. brochés. *Paris*, 1801.

1233. M. de Lignac. — **De l'Homme et de la Femme** considérés physiquement dans l'état du mariage. 3 vol. brochés, avec figures. *Lille*, 1773.

1234. **Les Philosophes aventuriers,** par M. T***. 2 vol. brochés. *Paris*, 1780.

1235. Faverolles. — **Les Années de couvent,** ou Mémoires de Mlle de Monglas. 4 vol. brochés. *Paris*, 1812.

1236. Pagès. — **Vies, amours et aventures de plusieurs illustres solitaires des Alpes,** ou les malheurs des grandes passions. 4 vol. cart. *Paris*, 1800.

1237. **Les Paradoxes du capitaine Marc-Luc-Roch Barole.** 4 vol. cart. *Paris*, 1802.

1238. La Fontaine. — **Contes et Nouvelles** en vers, ornés de figures et du portrait de la Fontaine. 2 vol. brochés. *Paris*, MDCCXCII.

1239. Lasolle. — **Amusement des eaux de Passy.** 3 vol. brochés. *Paris*, 1787.

1240. Jules de Saint-Acre. — **Le Val d'amour,** mémoires historiques de Lucrèce D***. 4 vol. brochés. *Paris*, 1834.

1241. Nougaret. — **Paris métamorphosé,** ou histoire de Gilles Claude Ragot, pendant son séjour dans cette ville, contrôle de la République française. 1 vol. relié veau. *Paris*, an VII.

1242. **Le Poète Isidore,** ou le nouvel homme à projets. 4 vol. cart. *Paris*, 1808.

1243. De la Salle. — **L'Anneau de Salomon.** 4 vol. brochés. *Paris*, 1812.

1244. Monselet. — **Rétif de la Bretonne,** sa vie et ses amours, documents inédits, ses malheurs, sa vieillesse et sa vie, etc., avec un beau portrait gravé par Nargeot. 1 vol. broché. *Paris*, 1858.

1245. Wibert. — **Contes** en vers. 1 vol. br. *Paris*, 1843.

1246. Rétif de la Bretonne. — **Représentations à Mylord,** maire de la ville et Cité de Londres, sur les filles entretenues de France, vulgairement dites courtisanes ou demoiselles du bon ton. 2 vol.

1247. **Le Soupé,** ouvrage moral. 1 vol. cart. *Londres*.

1248. Du Tilliot. — **Mémoires pour servir à l'histoire de la fête des fous.** 1 vol. relié veau. *Lausanne*, 1751.

1249. Le Cabriolet. — **Le Passe-Temps des Mousquetaires,** ou le temps perdu. 1 vol. relié veau. *La Haye*, 1760.

1250. **Adélaïde de Messine.** Nouvelle histoire galante et tragique. 1 vol. relié veau. *Amsterdam*, MDCCXLII.

1251. **Zilia et Agathide,** ou la volupté et le bonheur. 2 vol. brochés. *A Madrid*, 1787.

1252. **Les quatres Aventures** recueillies par le Suire. 4 vol. cart. *Paris*, an VII.

1253. De Grécourt. — **Œuvres complètes.** 4 vol. cart. *Luxembourg*, 1764.

1254. Corneille. — **Les Métamorphoses d'Ovide.** Mises en vers français. 2 vol. reliés veau *Paris*, MDCXCVII.

1255. **Les Plaisirs d'un jour,** ou la journée d'une provinciale à Paris. 1 vol. demi-reliure. *Bruxelles*, 1764.

1256. **La Prusse Galante,** ou voyage d'un jeune homme à Berlin traduit de l'allemand. 1 vol. broché. *Paris*, 1801.

1257. Bosquet. — **Contes nouveaux.** 1 vol. relié veau. *Amsterdam*, MDCCXLV.

1258. **Les Plaisirs et les Chagrins de l'Amour.** 1 vol. relié veau. *Amsterdam*, 1722.

1259. **Les Aventures d'un homme extraordinaire,** ou les femmes comme il y en a beaucoup. 1 vol. broché. *Hambourg*, 1809.

1260. **Les Contes du sieur Douville.** 1 vol. relié veau.

1261. **Le Roman Comique** de M. Scarron. 1 vol. relié veau. *Paris...*

1262. **Rozainville**, ou le divorce inutile, par l'auteur de la Religieuse d'Alençon. 1 vol. cart. *Paris*, 1805.

1263. **Mélicerte**, suivi des sœurs rivales. 2 vol. cart. *Paris*, 1802.

1264. Cette nouvelle édition rev. e et augmentée de l'**Histoire de M. Mayeux** et de sa famille, est illustrée d'un nombre considérable de figures représentant les faits les plus curieux de toute sa vie. 1 vol. broché. *Paris*, 1846.

1265. **Anthologie Scatologique** recueillie et annotée par un bibliophile de Cabinet. 1 vol. broché. *Paris*, 1862.

1266. **Les Aveux d'une jolie femme.** 1 vol. cart. *Bruxelles*, 1781.

1267. **Les jeux de l'amour.** Contes en vers, par M. C. R** à O. 1 vol. broché. *A Constantinople*, 1784.

1268. **Les Variétés poétiques.** Syphilis ou le mal vénérien, poème latin de Jérôme Fracastor, avec la traduction en français. 1 vol. relié veau. avec frontispice, 1796.

1269. DE GRÉCOURT. — **Œuvres complètes.** 3 vol. brochés. *Luxembourg*, 1780.

1270. **Thermidore.** 1 vol. relié veau. *A La Haye*, 1772.

1271. ABBÉ DUBOIS. — **Aventures du Gourou de Paramarta.** Conte drolatique indien, orné de nombreuses eaux-fortes, par Bernay et Cattelain. 8 vol. br. grand papier. *Paris*, 1877.

1272. Do 5 vol. br. petit papier. *Paris*, 1877.

1273. BERNARD PROST. — **Traité de la forme et devis comme on fait les tournois** par Olivier de la Marche, Hardouin de la Jaille, etc., etc., enrichi de 16 planches dont 9 doubles, coloriées au pinceau avec le plus grand soin et rehaussées d'or. 3 vol. brochés. *Paris*, 1878.

1274. MARMONTEL. — **La neuvaine de Cythère.** illustrée du portrait de l'auteur et de 9 vignettes dessinées par Fesquet. 3 vol. brochés. *Paris*, 1879.

1275. **Recueil de pièces rares et curieuses et facétieuses**, anciennes et modernes en vers et en prose remises en lumière pour l'esbattement des pantagruelistes avec le concours d'un bibliophile. 4 vol. brochés. *Paris*, 1872.

1276. ABBÉ DUBOIS. — **Le Pantcha-Tantra**, ou les cinq ruses, fables du Brahme Vichnou-Sarma. Aventures de Paramarta et autres contes, traduits pour la première fois sur les originaux indiens. illustré de 13 eaux fortes, par Léonce Petit. 2 vol. brochés. *Paris*, 1872.

1277. ANTOINE MONNIER. — **Eaux-fortes et rêves creux.** Sonnets excentriques et poèmes étranges. 3 vol. brochés dont un papier de Chine. *Paris*, 1875.

1278. **Procez et examinations** sur la vie de Caresme, prenant 1 vol. br. *Paris*, 1605.

1279. **Les Provinciales**, ou Histoires des filles et femmes des Provinces de France, dont les aventures sont propres à fournir des sujets dramatiques de tous les genres. *Paris...*

1280. RABAN. — **Le Comte Ory**, auteur du Curé, de l'Epoux parisien, etc., etc. 3 vol. cart. *Paris*, 1824.

1281. **Il était temps**, ou mémoires du marquis de Blinval, 3 vol. cart. *Paris*, 1808.

1282. LEGOUVÉ. — **Le mérite des femmes.** 1 vol. broché. *Paris*, 1870.

1283. DULORNY. — **Le Petit neveu du Compère Mathieu**, 4 vol. brochés, *Paris*, 1833.

1283 *bis*. CHARPENTIER. — **L'Orphelin Normand**, ou les petites causes et les grands effets, avec frontispice. 2 vol. reliés veau. *Paris...*

1284. JACOB. — **Bibliographie** de tous les ouvrages de Restif de la Bretonne, comprenant la description raisonnée des éditions originales, des réimpressions, des contrefaçons, des traductions, etc., etc. 1 vol. br. *Paris*, 1875.

1285. **Angéline et Valmore**, ou la morte vivante, 3 vol. brochés. *Paris...*

1286. BALZAC. — **Une ténébreuse affaire.** Scènes de la vie politique, 3 vol. brochés. *Paris*, 1842.

1287. **Les Songes drolatiques de Pantagruel**, reproduction fac-simile du texte et des 120 planches de l'édition originale, augmentée d'un portrait authentique de Rabelais, etc. 2 vol. brochés. *Genève*, 1868.

1288. GUÉRIN. — **La Princesse Lamballe et Madame de Polignac**, chronique des Tuileries. 2 vol. brochés. *Paris*, 1843.

1289. MÉRY. — **L'assassinat.** Scènes méridionales de 1845. 1 vol. broché. *Paris*, 1832.

1290. TOUCHARD-LAFOSSE. — **Les Réverbères**, chroniques de nuit du vieux et du nouveau Paris, 6 vol. brochés. *Paris*, 1838.

1291. **Discours sur la Musique Zéphirienne**, adressé aux vénérables crépitophiles, opuscule facétieux d'Emmanuel Marti, et illustré d'historiettes crépitantes, par un professeur de basson, 4 vol. brochés, *Paris*, 1873.

1292. LE SEIGNEUR DE BRANTOME. — **Les Dames Galantes.** Nouvelle édition avec une préface de M. Ph. Chasles, 2 vol. brochés. *Paris*, 1834.

1293. QUÉRARD. — **Les Supercheries littéraires dévoilées.** 2e édition considérablement augmentée publiée par Gustave Brunet et Pierre Jannet, suivie : 1° du Dictionnaire des ouvrages anonymes, etc., etc.; 2° d'une table générale des noms réels des écrivains anonymes et pseudonymes cités dans les deux ouvrages, 6 vol. brochés. *Paris*, 1869.

1294.	do	4 vol. br.	*Paris*,	1870.
1295.	do	2 vol. br.	do	1871.
1296.	do	4 vol. br.	do	1872.
1297.	do	2 vol. br.	do	1873.
1298.	do	4 vol. br.	do	1874.
1299.	do	2 vol. br.	do	1875.
1300.	do	1 vol. br.	do	1877.

1301. CHATEAUBRIAND. — **Génie du Christianisme.** Vignettes par Théophile Fragonard, 1 vol. broché. *Paris*, 1838.

1302. EUG. BARESTE. — **Homère, Iliade**, traduction nouvelle accompagnée de notes, d'explications et de commentaires, etc.. etc. illustrée par Titoux et A. de Lénud, 1 vol. broché. *Paris*, 1843.

1303. TOUCHARD-LAFOSSE. — **Chroniques secrètes et galantes de l'Opéra**, 1667-1845, 4 vol. brochés. *Paris*, 1846.

1304. BERNARDIN DE SAINT-PIERRE. — **Paul et Virginie** et la Chaumière Indienne, ornée de très jolies gravures, 1 exemplaire broché. *Paris*,

1305. Louis de Freycinet. — **Voyage autour du Monde,** entrepris par ordre du Roy, 4 vol. brochés. *Paris,* 1825.

1306. — Balzac. — **Splendeurs et Misères des Courtisanes,** Esther, 3 vol. brochés. *Paris,* 1845.

1307. **Mémoires du Comte Alexandre de F. Tilly** pour servir à l'Histoire des mœurs de la fin du XVIIIe siècle, 3 vol. brochés. *Paris,* 1828.

1308. Gouriet. — **Personnages célèbres dans les rues de Paris,** depuis une haute antiquité jusqu'à nos jours, 2 vol. brochés. *Paris,* 1811.

1309. Deslandes. — **De l'Onanisme et des aut. es abus vénérien,** considérés dans leurs rapports avec la santé, 1 vol. broché. *Paris,* 1835.

1310. Rétif de la Bretonne. — **L'Ecole des Pères,** 3 vol. brochés. *Paris,* 1776.

1311. **Contre la Corruption des mœurs** où l'on examine : La tolérance des femmes publiques, etc., etc., 1 vol. demi-reliure. *Avignon,* 1825.

1312. **Monuments du Culte secret des Dames romaines,** d'après une suite de pierres gravées sous leur règne pour servir de suite à la vie des douze Césars, 1 vol. broché. *Rome.* 1790.

1313. **Mémoires de Fleury** de la Comédie-Française, 1757 à 1820, précédés d'une introduction, 6 vol. brochés. *Paris,* 1836.

1314. **Sainville et Ledoux,** ou Sagesse et Folie par l'auteur de Pauline, 3 vol. cart. *Paris,* 1802.

1315. Descamps. — **La Vie des Peintres flamands, allemands et hollandais,** avec des portraits gravés en taille-douce, etc., etc., 1 vol. broché. *Paris,* 1753.

1316. Pétrus Borel. — **Madame Putiphar,** 2 vol. broché. *Paris,* 1839.

1317. Abbé Dulaurens. — **Le Balai,** Poëme héroï-comique en 18 Chants, 1 vol. broché. *Constantinople,* 1774.

1318. De Grecourt. — **Œuvres diverses,** Nouvelle édition augmentée du Philotanus, de la Bibliothèque des Damnés, 3 vol. brochés in-8. *A Navarre,* 1789.

1319. Milliot. — **L'Art de procréer les sexes à volonté,** ou système complet de génération avec figures, 1 vol. broché. *Paris,* 1800.

1320. Ganifey. — **Mémoires du Chevalier d'Erbau,** 1 vol. *Paris.* 1735.

1321. **Biographie universelle,** ou dictionnaire historique, etc., 6 vol. cart. *Paris,* 1838.

1322. **Bonnard,** ou le fils du Sergent, par Raban, 4 vol. cart. *Paris...*

1323. **De l'Extinction de la prostitution,** par Jules Meugy, 1 vol. broché. *Paris...*

1324. **Anecdotes jésuitiques,** ou le philotanus moderne, 3 vol. relié veau. *A La Haye,* MDCCXD.

1325. Rougemaitre. — **Le Perroquet,** roman anglais, français, allemand, et qui n'est traduit d'aucune langue, 3 vol. cart. *Paris,* 1817.

1326. **Le Valet du Diable,** par Raban, 4 vol. cart. *Paris,* 1838.

1327. **La Patrouille grise,** par Raban, auteur de la Fille du Commissaire, etc., nouvelle édition ornée de 4 vignettes, par Champion, 4 vol. cart. *Paris,* 1838.

1328. **Histoire abrégée de l'inquisition d'Espagne,** par Léonard Gallois, 1 vol. broché. *Paris...*

1329. **La Chaumière de Vincennes,** par Mme de Saint-Venant, 2 vol. brochés. *Paris,* an XIV.

1330. **Léo,** par H. de Latouche, 1 vol. cart. *Paris,* 1840.

1331. **Le Débardeur,** par Maximilien Perrin, 2 vol. cart. *Paris,* 1846.

1332. **Vénus et Adonis,** poëme en 5 chants, 1 vol. broché. 1803.

1333. **Histoire de l'Idiome Bourguignon,** et de sa littérature propre ou philologie comparée de cet idiome, par Mignard.

1334. **Le curé de village,** par Raban, 4 vol. cart. *Paris,* 1833.

1335. **Le Parisien parvenu,** ou petit tableau de mœurs, 4 vol. cart. *Paris,* 1822.

1656. **L'Utopie de Thomas Morus,** chancelier d'Angleterre, par Gueudeville et ornée de très belles figures, 1 vol. relié veau. *A Leyde,* 1715.

1337. **Fanelli** ou l'Orpheline sans l'être, par Levallois, 2 vol. brochés. *Paris,* 1814.

1338. **Histoire du Vaillant Chevalier Tiran le Blanc,** traduite de l'espagnol, 3 vol. reliés veau.

1359. **Madame Bloc,** ou l'Intrigante, par l'auteur du Page de la reine Marguerite, etc., 1 vol. cart. *Paris,* 1817.

1360. **Contes militaires,** par Lombard de Langres, 1 vol. broché. *Paris,* 1828.

1361. **Maître Pierre,** ou Jeunesse et Folie, histoire plus que véritable, 3 vol. cart. *Paris,* 1803.

1362. **Le fils d'Asmodée,** suivi de Il y a des choses plus extraordinaires, etc., 1 vol. cart. *Paris,* 1811.

1363. **La Vertu chancelante,** ou la Vie de Mlle d'Amincourt, dédiée au roi de Prusse, 1 vol. relié veau. *A Liège,* 1778.

1364. **Le Tribunal de l'amour,** ou les Causes célèbres de Cythère, 1 vol. relié veau. *A Cythère,* MDCCXLIX.

1365. **Un mois de Folie,** poème en 8 chants, 1 vol. broché. *Vaucluse,* 1803.

1366. **Œuvres complètes de Grécourt,** nouvelle édition soigneusement corrigée et augmentée d'un grand nombre de pièces qui n'avaient jamais été imprimées. Deux ouvrages en 8 vol. brochés. *Luxembourg,* 1802.

1367. **Lettres de M. de Fronsac,** fils du duc de Richelieu, au chevalier Dumas, ou son histoire de quelques mois à la Cour de Russie, publiées par Barbet, 1 vol. cart. *Paris,* 1801.

1368. **L'Orphelin normand** ou les petites causes et les grands effets, 1 vol. relié veau. *Paris.*

1369. **Les Aventures d'un homme extraordinaire** ou les femmes comme il y en a beaucoup, 2 vol. cart. *Hambourg,* 1800.

1370. **L'Aventurier François** ou Mémoires de Grégoire Merveil, 2 vol. reliés veau. *Paris,* 1782.

1371. **Farville** ou blanc, noir et couleur de rose, par M. Rab. ***, 2 vol. cart. *Paris,* 1819.

1372. **La Génération de l'homme** ou le tableau de l'Amour conjugal, par Nicolas Venette. Edition revue et corrigée, et enrichie de figures par l'auteur.

1373. **Jeunesse et folie** ou mémoires et voyages de Victor de Lineuil, par M. ***, 2 vol. cart. *Paris*, 1823.

1374. **Elisabeth Lange** ou le Jouet des événements, par M. L.... auteur d'Eglai ou amour et plaisir, etc., etc., 2 vol. cart. *Paris*, 1808.

1375. **Historiettes ou nouvelles** en vers par M. Imbert. 6 vol. brochés. *Paris*, 1774.

1376. **Une Réaction**, par Amédée Cochut, avec une préface par M. Rey-Dusseuil, 2 vol. br., 1832.

1377. **Le Poéte** ou Mémoires d'un Homme de lettres écrits par lui-même, 8 vol. br. *Hambourg*. 1790.

1378. **Le Vice et la Faiblesse** ou mémoire de deux Provinciales, rédigés par l'auteur de la Quinzaine anglaise. 2 vol. cart. *Lausanne*. 1785.

1379. **La Sainte Bible.** 7 vol. br.

1380. **Une Vie de garçon**, par Raban. 2 vol. cart., *Paris*, 1838.

1381. **L'Enfantement de Jupiter** ou la Fille sans mère, 2 vol. cart. *Amsterdam*. 1763.

1382. **Clémentine, Orpheline et Androgyne** ou les Caprices de la nature et de la fortune, par P. Cuisin, 2 vol. cart. *Paris*, 1820.

1383. **Les Dangers de la Séduction et les faux Pas de la Beauté**, ou les Aventures d'une Villageoise et de son Amant, 2 vol. cart. *Paris*, an VII.

1384. **Suzette et Perrin** ou les Dangers du libertinage. 2 vol. cart. *Londres*, 1789.

1385. **Histoire de la Dame invisible** ou mémoires pour servir à l'étude du cœur humain. 1 vol. cart. *Paris*. 1803.

1386. **Nos Folies** ou Mémoires d'un Musulman connu à Paris, en 1798, orné de gravures, 1 vol. cart. *Paris*, 1799.

1387. **Encyclopédie comique**, ou recueil anglais, de gaietés, de plaisanteries, de bons mots, d'anecdotes etc., etc., par T. P. Bertin. 3 vol. cart. *Paris*.

1388. **Recueil de nouvelles poésies galantes**, critiques, latines et françaises. 2 vol. reliés veau. *Londres*.

1389. **Le Bon-Homme Blondel**, ou les Trois sœurs et les deux victimes, par J. R. R., auteur de Rose et Mérival. 2 vol. cart. *Paris*, 1816.

1390. **Histoire d'Agathan.** Traduction nouvelle et complète faite sur la dernière édition des œuvres de Wieland, par l'auteur de Pietro d'Alby et Gianella. 3 vol. cart. *Paris*, 1802.

1391. **Les Tours de maître Gonin**, enrichis de figures en taille-douce, par l'abbé Bordelon. 2 vol. reliés veau. *Paris*, 1713.

1392. **Théâtre des Boulevards**, ou recueil de parades. 3 vol. reliés veau. *A Mahon*, 1756.

1393. **Tableaux de la fable**, ou nouvelle histoire poétique des dieux, demi-dieux, etc., etc., dessinés et gravés par les meilleurs artistes. 1 vol. relié veau. *Paris*, 1787.

1394. **Romans et Contes** de M. l'abbé de Voisenon. 1 vol. broché. *Paris*, 1798.

1395. **Œuvres complètes de Grécourt.** nouvelle édition soigneusement corrigée, etc., etc. 4 vol. reliés veau, avec figures. *Luxembourg*, 1764.

1396. **La force de l'exemple**, par M. de Ribiena. 2 vol. cartonnés. *À La Haye*, MDCCXLVIII.

1397. **Les milles et un souvenirs** ou les veillées conjugales. 5 vol. cartonnés. *Paris*, 1819.

1398. **La belle Nièce**, histoire tirée d'une chronique originale du XVe siècle, par Henri de Coiffier. 1 vol. cartonné. *Paris*, 1805.

1399. **La belle Berruyère** ou aventures de la marquise de Fierval. 2 vol. cartonnés. *Londres*. 1765.

1400. **Gineta Baldini** ou les deux moines, par E.-M. Masse. 1 vol. cartonné. *Paris*, 1809.

1401. **Suzette et Perrin** ou les dangers du libertinage. 2 vol. cartonnés. *Londres*, 1789.

1402. **Cinquante et une Gravures** des douze Césars. Cinq collections complètes bleu.
Do. et quatre collections complètes, noir.
Do. et deux collections sanguines.

1403. **Procez et amples examinations** sur la vie de Caresme-Prenant, dans lesquelles sont amplement descrites toutes les tromperies, astuces, caprices, bizarreries, etc., etc., traduit de l'italien en français. 20 vol. brochés, grand papier *Paris*, 1605.

1404. Do. 35 vol. brochés, petit papier, *Paris*, 1605.

1405. **Les Œuvres d'Ambroise Paré**, conseiller et premier chirurgien du Roy. Onzième édition revue et corrigée et augmentée d'un fort traité des fièvres, etc., etc., avec les voyages qu'il a faits en divers lieux, et les portraits et figures, tant de l'anatomie que des instruments de chirurgie, etc., etc. Un grand in-folio relié veau. *Lyon*, 1652.

1406. **Storia delle Guerre della republica fiorentina**, siccesse nel tempo che la casa de Medici s'impadroni del governo : Scritta da benedetto Varchi istorico fiorentino, etc., etc., da Giovan Filippo Varchi. Un grand in-folio. In *Leide*,...

1407. **Ioannis Cvilielmi Bayrn**, iconographie completens in se passionem Miracula, vitam Christi universam, etc., etc. A Melchiore. Kysell, Augustano. Anno christiano, 1670.

1408. **Pygmalion**, ou la Statue animée. 1 vol. broch. *Londres*. MDCCXLII.

1409. **Les Missionnaires**, ou la famille Duplessis, par de Rougemont, 2 vol. brochés. *Paris*, 1820.

1410. **Le jeune Philosophe**, ou les mille et une aventures, par l'auteur du jeune Cléveland, et de la nièce de Tékély, 3 vol. brochés. *Paris*, 1825.

1411. **Mémoires de Lucile**, par M. le baron de V. S., 3 vol. brochés. *Paris*, 1764.

1412. **La Famille Bertrand**, roman traduit de l'anglais par l'auteur de Jeunesse et Folie, etc., 4 vol. brochés. *Paris*, 1823.

1413. **Contes du Vieil Ermite** de la vallée de Vauxbuin, par Ch. Pougens, 3 vol. brochés. *Paris*, 1821.

1414. **Les Divorcés anglais**, ou procès en adultère jugés par le Banc du Roi et la Cour ecclésiastique d'Angleterre, ouvrage piquant pour les juris-consultes et les gens du monde, utile aux maris dans l'attaque, aux femmes dans la défense, avec des notes critiques, etc., 3 vol. brochés. *Paris*, 1821.

1415. **Histoire de Julie.** 1 vol. cart.

1416. **Les Songes drolatiques de Pantagruel,** reproduction fac-simile du texte et des 120 planches de l'édition originale, par Paul Lacroix, 5 vol. brochés. *Genève.* 1868.

1417. Environ **Cent vingt Figures,** pour la neuvaine de Cythère.

1418. **Dix Collections de Gravures** de Faublas, papier vélin

— **Six Collections de Gravures** de Faublas, papier de Chine.

1419. **Trois Collections de Gravures** de Barjac.

1420. **Quatre Collections de cent-quarante Gravures** par collection, de Conteurs. dont deux sanguines et deux bleues.

1421. **Dix-sept Collections de quarante et une Gravures** chacune, pour alphabet, sanguines.

1422. **Cinq Collections de vingt-quatre Gravures** de Télémaque, bleues, par Marellier.

— **Quatre Collections de vingt-quatre Gravures** sanguines, par Marellier.

1423. **Douze Collections de treize Gravures** des Fables de La Fontaine, sanguines, par Moreau, papier Chine.

— **Quatre Collections de treize Gravures,** papier Hollande.

— **Cinq Collections de treize Gravures,** noires, papier Hollande.

— **Quatre Collections de treize Gravures,** bistre, papier Chine.

— **Six Collections de treize Gravures,** noir. papier Chine.

1424. **Cinq Collections de quinze Gravures** de Caron, sanguine, papier de Chine.

— **Cinq Collections de quinze Gravures,** de Caron, bleu, papier vergé.

1425. **Une Collection de trente-deux Gravures** de Boccace, complet, papier Chine.

1426. **Deux Collections** réunies, noires et sanguines, du Gourou de Paramarta.

1427. **Quatre Collections de onze Gravures,** de Don Quichotte, papier vélin, par Charlet.

— **Une Collection de vingt-huit Gravures,** de Don Quichotte, avec quelques eaux-fortes.

1428. **Six Collections de quinze Gravures,** noires, de la Rapinéïde, papier Chine.

— **Trois Collections de quinze Gravures,** bistre, de la Rapinéïde. papier Hollande.

— **Cinq Collections de quinze Gravures,** noires, de la Rapineïde, papier Chine monté.

— **Une Collection de quinze Gravures,** bleu, de la Rapin.ïde, papier vergé.

1429. **Trois Collections de douze Gravures,** Tom Jones, coloriées, papier ordinaire.

— **Une Collection de douze Gravures,** Tom Jones, noire, papier ordinaire.

1430. **Une Collection de cent quarante Gravures,** à mi-pages, Chine, volant noir, contes de La Fontaine.

1431. **Une Collection de cent soixante-**sept **Gravures,** de Bartholoméo, papier Chine et ordinaire.

1432. **Dix Figures** sur Chine avant la lettre, Rabelais.

1433. **Histoire des ducs de Bourgogne de la maison de Valois.** — Atlas.

1434. **Une Collection de huit Gravures,** de Merciat, sur Chine avant la lettre.

1435. **Une Collection de cent-cinquante-sept Gravures** des Conteurs (défets).

1436. **Deux Collections incomplètes de cent-cinquante Gravures** environ, des fables de La Fontaine.

1437. **Un Paquet de Gravures.** des Conteurs (défets).

1438. **Trente et une Collections de treize Gravures.** de Pantcha-Tantra.

2439. **Un Paquet de Gravures** des douze Césars (défets).

1440. **Soixante-neuf Collections de cent trente Gravures** noires et sanguines réunies pour le Gourou Paramarta, papier de Chine.

1441. **Neuf Collections de huit Gravures,** par collection, papier Chine monté.

1442. **Les Français peints par eux-mêmes,** complet de texte à l'exception de la page 110 du prisme et 3 figures au tome 2, province, 23 figures au tome 3. province.

1443. **Traités du duel judiciaire,** relations de pas d'armes et tournois, par Olivier de la Marche, Jean de Villiers, seigneur de l'Isle-Adam, Hardouin de la Jaille, Antoine de la Salle. etc., publiées par Bernard Prost, 1 vol. broché. *Paris,* 1872

1444. **Le Conservateur de la santé,** volume incomparable renfermant l'art de péter et chier, suivi de pièces odoriférantes sur divers matières de bon goût. *A Moncuq* (Guyenne), à l'enseigne du gros Prussien, près des Quatre-Vents.

1445. **Roger Bon-Temps,** en belle humeur, 3 vol. broché. *Paris,* 1797.

1446. **Mes Écarts,** ou le Fou qui vend de la sagesse, manuscrit d'un roman vraisemblable, trouvé et publié par Coffin-Rouy, 3 vol. broché. *Paris,* 1807.

1447. **Charles Pointel,** ou mon cousin de la main gauche, par A. de Viellerglé, 4 vol. broché. 1821.

1448. **Le Valet de circonstance,** ou le Panorama de quelques maisons de Paris, vues dans l'intérieur, par l'auteur du marchand forain, 3 vol. br. *Paris* 1817.

1449. **Le Sacrifice de l'amour,** ou la messe de Cythère, suivi du sermon prêché à Gnide et d'un nouveau dictionnaire d'amour, 1 vol. broché. *A Sybaris,* 1809.

1450. **La Pologne illustrée** ou Scènes historiques, monuments, médailles, costumes, armes, portraits, esquisses, rédigée par une Société de Littérateurs sous la direction de Léonard Chodzko. 8 vol. brochés, grand papier. *Paris,* 1844-1845. 10 vol. brochés, petit papier. *Paris,* 1846.

1451. **Dictionnaire pittoresque d'Histoire naturelle** et des Phénomènes de la Nature, contenant l'Histoire des animaux, des végétaux, des minéraux, etc., etc., avec un grand nombre de planches gravées sur acier par M. Beyer. 9 vol. cart. *Paris,* 1833-1834.

1452. Les Métamorphoses d'Ovide, traduites en français avec des remarques et des explications historiques, par l'abbé Banier, nouvelle édition revue et corrigée, augmentée de la Vie d'Ovide et du Jugement de Pâris, enrichie de figures en taille-douce. 1 vol. relié veau. *Paris*, 1738.

1453. Dictionnaire élémentaire de Botanique ou Exposition par ordre alphabétique des préceptes de la Botanique et de tous les termes consacrés à l'étude de cette science, orné de figures, par M. Bulliard. 1 vol. relié veau. *Paris*, 1797.

1454. Le Costume ou Essai sur les habillements et les usages de plusieurs peuples de l'antiquité, par André Lens. 1 vol. relié veau. *Liège*, 1776.

1455. Les Courtisanes célèbres, par Henri de Kock. 1 vol. cart.

1456. Histoire d'Angleterre, représentée par figures, accompagnées d'un précis historique. Les figures gravées d'après les dessins des plus célèbres artistes, par David. 2 vol. brochés. *Paris*, 1786.

1457. Un Album de Gravures, 1 vol. cart.

1458. Œuvres choisies du roi René. 2 vol. cart., avec un grand nombre de figures.

1459. Le Décameron de Boccace, 11 vol. brochés. *Paris*, 1801.

1460. Atlas du journal des connaissances médico-chirurgicales, publié par le docteur Martin Lauzer, orné de gravures.

1461. Embryologie ou Ovologie humaine, contenant l'histoire descriptive et iconographique de l'œuf humain, par A.-L. Velpeau, accompagné de quinze planches, par Chazal, *Paris*, 1833.

1462. Galerie historique des illustres Germains, depuis Arminius jusqu'à nos jours, avec leurs portraits et des gravures représentant les traits principaux de leur vie, 5 livraisons. *Paris*, 1806.

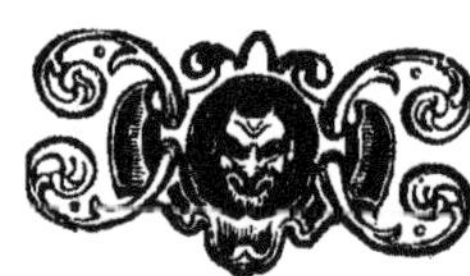